쓰기를 가르치며
인생을 배웠습니다

예명 쌤의 글쓰기 고해성사

쓰기를 가르치며 인생을 배웠습니다

김예명 지음

불난서가

함께 읽고 쓰고
함께 웃고 울었던
당신들에게

시작

글쓰기를 가르치는 사람으로 오래 살았다. 어디서건 가르치는 사람이 되고 싶었던 적은 없었으므로 내가 '선생님'으로 불릴 때마다 신기하고 이상해신다. 신짜 '선생님'은 오히려 아이들이었다. 사람을 존중한다는 것, 마음을 나눈다는 것, 대화다운 대화를 한다는 것, 정성을 들인다는 것…. 인생에서 중요한 것들을 나는 아이들에게 배웠다. 선생님이라는 정체에 늘 미심쩍어 하면서도 그 자리에서 나는 즐거움과 희망을 자주 느꼈다. 이런 문장이 있다. '내가 나를 건져 올릴 수 있는 방법에 대해서는 회의적이지만 대체로 삶에 대해서는 낙관적이다.'* 생각했다. 그곳에서 나는 '나를 건져 올리는 방법'까지도 배웠던가 보다고.

이 책에 대한 최초의 구상은 나에 관한 이야기였다. 그게 얼마나 막연한 생각이었는지 쓰면서 깨달았다. 직업 인생 대부분이 글쓰기 현장이었다. 그렇다면 나에 관한 이야기로 가장 잘 어울리는 것은 다름아닌 그곳의 이야기여야 했다. 기억의 문을 자주 열었다. 오래전 '선생님', 강렬한 인상을 남긴 사연 많은 '선생님', 한창 꿈에 부풀어 있는 지금 내 앞의 '선생님'들을 진지하게 만났다. 이야기는 깊고 다양했다. 읽기와 쓰기에 대한 의미와 가치, 읽기의 지루함과 쓰기의 어려움을 극복하는 법, 읽기와 쓰기가 삶에 연관되는 과정, 읽기와 쓰기를 통해 자각한 또 다른 자아를 이해하는 법.

방법론이 될 법한 내용이었다. 그랬다면 이 책은 실용적인 처방전이 되었을 것이다. 다른 길을 가고 싶었다. 그런 책은 이미 너무나 많다. 아이들이 느끼는 읽기와 쓰기에 대한 부담은 방법을 몰라서가 아니다. 직접 읽고 직접 쓰기. 그 더할 나

---

* 『쓰면서 이야기하는 사람』(이근화) 중 '감각의 지도'

위 없이 단순명쾌한 방법에 부담을 느낀다면 원인은 다른 데 있을 것이다. 보려고 해야 보인다. 나의 선생님들이 충분히 보여준 그것을 찾아 그들의 마음 깊이 좀 더 들어가보기로 했다. '이러이러해야 한다'는 당위에 앞서 당위를 실천하기 힘든 현실적 문제와 개별 상황이 더 중요하다는 생각에 이른 것이다. 이 책은 그에 대한 기록이다. 그로 인해 알게 된 내 마음의 보고서이기도 하다.

책에는 쓰지 못했지만 쓰는 동안 내내 가슴에 간직했던 아이가 있다. 부모의 이혼으로 할머니와 살다가 아버지가 재혼하면서 같이 살게 된 초등 2학년 여자아이다. 아이는 새엄마를 '이모'라고 불렀다. 명랑 쾌활하다가도 아이는 가끔 심술을 부렸다. 이모한테 혼나서 공부하기 싫어요. 엄마 보고 싶어요. 그런 말하면 아빠가 화내요. 아빠는 이모 편만 들어요…. 아이와 수업하는 날이면 가방에 사탕도 챙겨 넣었다. 그럴 때마다 하나씩 꺼내주기 위한 아이가 좋아하는 사탕이었다. 사탕을 받고, 껍질을 벗기고, 입 안에 쏙 들이민 다음 아이는 해맑게 미소지었다. 떨어지지 못한 눈물이 눈에 달린 채였다.

마음을 잃으면 글쓰기는 허공이 된다. 그 안에 아무것도 채울 수 없다. 아이가 처한 야릇한 현실에 나는 실제적인 도움이 되지 못한다. 다만 내게는 봄볕 한 줌과 웃음 한 스푼이라는 마음이 있다. 내가 주면 아이들도 준다. 이 책은 어쩔 수 없이 마음에 관한 이야기일 수밖에 없었다.

일러두기

본문에 나오는 학생들의 이름은 가명입니다.
자유롭게 보셔도 괜찮지만 순서대로 읽으시길 희망합니다.

차례

시작 6

쓴다는 것

나를 알아주는 단 한 사람 17

아무도 모르는 글쓰기 본능 27

치유 말고 몰입 35

개념 있는 사람 43

글, 쓰기와 짓기 50

이오덕 정신의 리모델링 57

이명 작가의 첫 책 69

본다는 것

비숍, 길을 찾다 79

절실해야 읽는다 87

좋아하거나 필요하거나 94

특별하지 않은 날 103

좋아하는 작가는 누구인가요? 110

낭독의 발견 117

안다는 것

알고 있나요, 당신의 감정? 127

어휘력은 문해력이 아니다 135

진지한 게 어때서 145

자유로울 권리 152

부모라는 존재 161

아름다운 뒷모습 168

산다는 것

디지털 시대 아날로그 삶 177

보상 없는 일의 희로애락 185

담대멸명 김밥집 193

본능에서 생활로 200

장면을 전환하는 삶의 기술 209

삶을 예술로 사는 법 216

타인은 끝내 타인이 아니다 224

채식주의자는 아닙니다만 232

'절대로'라는 말은 '절대로' 하지 않겠다 240

그게 아마 사랑일 거야 247

혼자 있는 시간 254

끝의 시작 262

쓴다는 것

수업의 선택과 종결은 아이가 한다는 것.
그것이 '가르치는 사람'의 도리라고 생각한다.

쓰기를 가르치며 인생을 배웠습니다

나를 알아주는 단 한 사람

초등 5학년 아이를 소개받았는데 특이하게도 개인 수업을 원했다. 글쓰기 수업 대부분은 4인 모둠이 기본이다. 비용도 비용이지만, 언어의 상호 자극 효과를 생각하면 모둠 수업이 더 낫다. 개인 수업은 특별한 사정이 있는 경우다. 또래보다 언어 발달이 느리거나 이해력이 부족하다 느낄 때, 어찌해도 모둠이 안 만들어질 때. 중학생들은 주로 국어 성적이 잘 나오지 않거나 서술형으로 변한 수학 문제 지문을 이해하지 못한다는 이유로 많이 한다. 소개해준 엄마는 아이에게 별다른 문제가 있는 건 아니라고 말했다. 그런데 굳이 왜? 혼자서 이런저런 이유를 추측하면서 첫 수업에 나섰다.

'소녀'라는 말이 어울리는 아이였다. 말수가 적고 수줍음이 많았다. 동글동글한 눈과 귀를 쫑긋하는 모습이 호기심 덩어리로 보이기도 했다.

첫 수업 때는 주제가 있는 글쓰기와 다양한 낱말 놀이를 진행한다. 주제가 있는 글쓰기로는 아무래도 자기소개 글이 좋다. 어휘력과 문장을 다루는 솜씨, 쓸 수 있는 글의 분량을 가늠하면서 아이의 환경이나 개인적 성향을 알아두는 게 필요하다. 어느 대상이든 수업 전에 1, 2년간의 수업 진도를 계획해 두지만, 첫 시간에 느낀 아이의 인상이나 글은 향후 수업 방향을 재구성하는 토대가 된다. 말보다는 글이 긴 아이. 이왕이면 그런 경우라야 재밌게 앞으로 나아갈 수 있다.

5학년 정도면 자기소개 글을 웬만큼은 쓸 줄 안다. 그래서 늘 말한다. 배운 대로 쓸 필요는 없다고. 자기에 대해서 하고 싶은 말, 드러내고 싶은 것을 자유롭게 쓰라고. 완성도 생각하지 말고 그냥 쓰라고. 학교에서 배운 형식과 내용을 뒤에 둔 글이면 좋겠는데, 그런 글은 만나기가 어렵다. 소녀의 글도 평이했다. 그런데 딱 하나. 가슴을 두드리는 문장이 있었다. '제 꿈은 작가입니다. 저는 글을 쓰는 작가가 되어서 사람들에게 상상하는 즐거움을 주고 싶습니다!' 순식간에 기분이

들뜨면서 반가운 마음이 들었다. 글쓰기를 또 하나의 학습으로 생각하는 풍토에서 작가가 되고 싶어 글쓰기를 배우는 경우는 드물었다. 그런데 이 아이는, 이 열두 살 소녀는 글을 쓰고 싶어 한다. 순수하게 글을 쓰고 싶어 한다! 횡재한 듯 기쁜 마음을 감추면서 아이에게 물었다.

"지수 꿈이 작가구나! 멋진데. 작가가 되고 싶은 이유가 있었어?"
"아뇨."
(으잉? 이유가 없다고? 그런데 어떻게 작가가 꿈이지? 라고 생각하지만, 표정 관리.)
"지수가 좋아하는 책이나 작가는 있니?"
"해리포터요."
"아, 해리포터 읽고 작가가 되고 싶었나 보다?"
"네. 근데 그냥 글 쓰는 게 재밌어요. 선생님, 제가 쓴 글 보실래요?"

아이는 자기 책상에서 두툼한 대학 노트 한 권을 가져왔다. 노트 3분의 1가량이 손 글씨로 빽빽했다. 다시 한 번 "와, 지수 멋지다!"를 외치면서 이렇게 말했다. "이 노트 선생님이 빌려 가도 돼? 지금은 다 못 읽을 거 같고, 가져가서 읽고 갖다 줄게." 아이는 바로 승낙했다. "좋아요, 선생님."

아이 엄마는 중학교 수학 선생님이었다. 집안 유전자가 그쪽과는 무관한데 아이가 혼자서 글을 쓰는 게 신기했다고 한다. 재능을 키워주고 싶었단다. 아이도 자기 글을 보여주고 싶어 하고 함께 이야기 나누고 싶어 해서 글쓰기 선생님을 생각하게 되었단다. 그렇게 해서 무려 6년간. 초등 5학년 때부터 고등 2학년 1학기 때까지. 아이네가 강북에서 강남으로 이사하자 덩달아 따라가면서까지 긴 시간을 함께했다.

그날 집에 와서 읽어본 아이의 소설은 재능이나 소질을 말하기는 어려운 수준이었다. 연작 형식의 판타지를 구상한 것은 칭찬할 만한 상상력인데, 내용은 하늘을 둥둥 떠가는 구름 같아서 개연성이 부족했다. 사용하는 어휘나 표현도 한정적이라 얼마간은 지루하고 심심하기도 했다. 하지만 글쓰기를 좋아하는 아이 마음은 또렷이 담겨 있었다. 한 자 한 자 또박또박, 일정하고 반듯한 필체가 가슴이 뭉클해질 만큼 정성 그 자체였다. 그 마음이었을 것이다. 중간에 모둠을 꾸릴 수 있었는데도 아이는 줄곧 개인 수업을 했다. 글쓰기를 싫증 낸 적도 없다. 고등학생이면 아무래도 성적에 신경이 쓰이고 시간 여유가 많지 않았을 텐데 아이는 고등 2학년이 되어서도 그만둘 생각을 하지 않았다. 대입 준비를 하는 마지노선까지 개인 수업을 한 셈이다. 수업의 실용적 측면에서라면 진작에 그만뒀어야 했다. 교내 글쓰기 행사나 대회를 위해 별도의 지도를 요구한 적도 없지만, 그러지 않았어도 제법 수상을 했고, 국어 성적도 좋았으며, 글쓰기가 필요한 동아리 활동도 앞장서서 하는 듯했다.

아이와의 수업은 주말이 아니라 학교와 학원 사이 평일 저녁에 했다. 강남의 고등학교와 학원들은 아이들을 그야말로 들들 볶는 느낌이었다. 수업하러 아이 방에 들어가면 이제 막 학교에서 돌아온 아이가 파김치가 되어 책상에 엎드려 있곤 했다. 잠에 취해 있느라 수업 진행이 어려울 정도였다. 공부하느라 기가 쇠해졌나 보다며 엄마가 한약을 사 먹였고, 그마저도 효과가 없자 혹시 기면증은 아닌지 병원에 간 적도 있다. 이제 그만하자, 라는 말은 내가 더 하고 싶었지만, 나 역시 그 말을 입 밖에 내지는 않았다. 내 원칙이다. 수업의 선택과 종결은 아이가 한다는 것. 그것이 '가르치는 사람'의 도리라고 생각한다. 물론 결정권 대부분은 엄마에게 있다. 지수 엄마는 그 결정권을 아이에게 넘긴 듯했다. 한 달 수업이 끝나면 수업 진도나 진행 상황에 대해 엄마와 면담을 하는데, 내 말을 묵묵히 들을 뿐 별다른 질문이나 이견이 없었다. 무관심은 아닌 듯하고, 굳이 이유를 추측하자면 이 말에 있을 수 있다. "지수에게 선생님이 힘이 되는 것 같아요."

인연이 그렇게 끝나는 줄 알았다. 이제쯤 대학생이 됐겠구나 하던 어느 날 아이에게서 연락이 왔다. "선생님 보고 싶어요. 아직도 수업하세요?" 하면서. 대학 신입생이 된 아이와 학교 앞에서 만나기로 했다. 파마도 화장도 하지 않은 앳된 모습. 와락 반가웠는데, 아이 표정이 좋아 뵈지 않았다.

"우리 뭐 좀 먹자. 지수 뭐 좋아하니?"

"저기 조금만 걸어가면 돈가스 맛있는 집이 있어요."

함께 밥을 먹으며 그간의 수다를 떨었다. 아이 전공은 수학교육이었다. 의외였다. 그만둘 때까지도 아이는 어느 대학에 갈지 무슨 전공을 할지 마음을 못 잡고 있었다. 다만 기억한다. 아이는 혹시나 대학에 떨어지면 어쩌나 무척이나 애를 태웠다. 시험 일정이 나오면 시험이 시작될 때까지 일일 공부 스케줄을 짰다. 그 스케줄은 수시로 바뀌었다. 계획했던 오늘 공부량을 채우지 못했기 때문이다. 그러느니 그냥 공부하지 하는 마음이 절로 들 정도로 아이는 스케줄 짜는 데 골몰했다. 커피를 마시며 하는 말은 기절초풍할 지경이었다. 전공은 아빠가 정해준 거라고 했다. 명예퇴직을 앞둔 시점에서 아빠가 취직하기 좋은 전공을 권유했다고 한다. 명예퇴직을 하신 뒤 취업 자리를 알아보던 아빠는 아이가 대학에 입학하자 무슨 무슨 자격증을 따라는 말을 자주 하신단다. 알아서 할 테니 그만 하시라고 몇 번 대들기도 했단다. 그러다가 맞아서 멍이 들었는데, 그것도 모르고 학교에 갔다가 교환 학생으로 온 외국인 친구에게 '니네 아빠 신고해야 해.' 라는 말을 듣는 바람에 아빠에게 맞은 날은 학교에도 안 간다고 말했다.

아이는 나에게 속풀이를 하고 싶었나 보다. 알면서도 나는 엉뚱한 질문을 했다.

"지수 요즘은 글 안 쓰니?"

아이가 눈을 동그랗게 뜨고 나를 바라봤다.

"선생님하고 끝나고 나서는 쓴 적이 없어요."

"지수 글 쓰는 거 좋아했잖아. 신입생이니까 참여할 모임이나 단체가 많을 텐데, 재밌는 데 찾아서 들어가보지 그래. 그러면서 학교생활이나 네 마음을 글로 써봐."

아이는 듣고만 있었다. 자기 말에 대한 즉답을 바랐던 모양이지만, 그런 사정에 대해 무슨 말을 하겠는가. 아빠의 변화가 화근이었을 것이다. 그러나 그건 한때의 폭풍일 것이다. 지나가길 기다려야 한다. 그러기 전까지는 흔들리지 말고 자기 자신에게 집중하는 것이 좋다.

"지수는 아빠가 이해가 안 되니?"

"아빠도 힘들어서 그런다는 거 알아요. 그래도 너무한다 싶어요. 왜 제 인생을 아빠 맘대로 하려고 하냐고요."

아이는 입술을 깨물었다. 그러면서 이렇게 말했다.

"솔직히 제 전공이 싫어요. 반수 하고 싶어요. 엄마는 반대하시지만요."

"반수를 꼭 해야겠다면 해야지. 그러기 전에 마음속으로 찬찬히 들어가 봐. 네 마음을 이해해야 선택이 분명해질 거야. 글을 쓰다 보면 너 자신이 보일 텐데."

그때 아이가 강편치를 날렸다.

"지금 제 상황이 너무 싫어요. 누구한테도 인정받지 못하는 기분이에요. 선생님 수업이 좋았던 건 선생님이 유일하게 저를 알아줬기 때문이에요."

아, 이거였구나. 아이가 나와 그렇게 오랫동안 수업을 했던 게. 이번에는 내가 강편치를 날렸다.

"고맙다, 지수야. 지수야말로 선생님을 알아봐 주네. 근데 말이야, 지수야, 누구한테 인정을 받아야 만족이 될까? 자기가 자기를 알아주는 게 진짜야. 네가 너 스스로에게 만족하는 거. 선생님은 지수를 처음 만났을 때를 잊을 수 없어. 열두 살 소녀가 자기가 소설을 썼으니 봐달라고 하던 그때 모습, 얼마나 눈부셨는데. 그때 소설 쓰면서 너 자신이 뿌듯하고 만족스럽지 않았어?"

아이가 다시 눈을 동그랗게 뜨고 나를 바라보았다. 한눈을 찡긋하며 웃어주었다. 자리에서 일어나 밖으로 나와 인사하면서 한 마디를 더했다.

"선생님 아홉 살 때 꿈이 작가였어. 작가라는 말을 모를 때였는데, 차에 원고지 가득 싣고 여기저기 여행 다니며 글을 쓰고 싶었어. 지금 그런 삶은 아니지만, 여전히 글 쓰는 시간이 제일 좋아. 너도 열두 살의 너로 돌아가봐."

그렇다. 열두 살 때 그 소녀는 당시 내가 잊고 있었던 걸 깨우쳐준 망치였다. 다달의 수입에 급급해서 글쓰기의 원초적인 기쁨을 잊고 있을 때, 그 소녀는 나를 알아봐 준 단 한 사람이었다. 그러나 이제는 안다. 그것이 무엇이든 글 쓰는 삶을 사는 사람은 자기를 알아주는 단 한 사람을 바깥에서 찾지 않는다는 것을. 글을 쓰는 자신이야말로 나를 알아주는 단 한 사람이라는 것도.

마음이 글로 나타나는 방식은 사람마다 다르다.
엿가락처럼 줄줄 뽑아내는 사람이 있는가 하면
조심조심 살피면서 걷는 사람도 있다.

쓰기를 가르치며 인생을 배웠습니다

아무도 모르는 글쓰기 본능

"아이를 보는데 서늘했어요."

수업 이후 첫 면담에서 나연 엄마가 말했다. 아이를 갓 낳았을 때 첫인상이 그랬다는 것이다. 꽉 다문 입매, 웃음기 없는 표정, 말을 하거나 들을 때 온몸이 바짝 선 듯한 긴장감. 엄마의 분위기는 사뭇 무거웠다.

나연이는 영재학원에 출강할 때 만난 초등 2학년 아이다. 수업 내내 말 한마디가 없고 또래들과도 어울리지 못한 채 겉돌던 아이. 언어 감각과 어휘력이 좋고, 단어의 쓰임도 잘 알고 있으면서 수업 시간마다 그 자리 그대로 석상처럼 굳었던 아이. 말을 하지 않으니 무엇에 부담을 느끼는지 도무지 알

도리가 없었던 아이. 언젠가는 '단락'에 대해 가르치는데, 그날따라 자세가 유난히도 '얼음'이길래 옆으로 가서 물어보았다.

"뭐가 잘 안 되니?"

아이는 또릿또릿 눈동자를 굴린 채 가만히 있었다. 어려운 걸 쉽게 하도록 돕는 것이 선생님 아닌가. 다시 한 번 물었다.

"선생님이 다시 설명해줄까?"

여전히 묵묵부답. 그날 수업은 어렵지 않았다. 단락이란 글 안의 마디이며 그 자체로 통일된 내용을 갖고 있다고 알려 준 다음 주어진 단락의 앞이나 뒤에 상상하는 글을 한 단락 이어 쓰면 되는 거였다. 나는 단락 안의 5개 문장을 하나씩 오려 주었다. 아이들은 그것을 순서대로 배열하면 된다. 첫 문장만 제대로 찾으면 그다음 문장은 쉽게 이을 수 있다. 다른 아이들은 금세 마치고 다음 단계로 넘어가는데, 나연이 혼자만 딱딱하게 몸이 굳은 채 힘들어 했다. 말귀를 못 알아듣는 것도 아니면서 왜 그랬을까. 아홉 살 인생의 속사정은 말하지 않으면 알 수가 없다.

그곳 영재학원은 부유층을 겨냥한 고급 학원이었다. 다양하고 엄선된 프로그램과 자유로운 분위기 때문에 전문직 학부모들에게 인기를 끌었다. 아이들은 아이들대로 교내외 대회에서 두각을 나타내며 학원의 평판을 높여주었다. '얼음 소녀'의 행동은 주목받을 수밖에 없었다. 나연이 몸은 눈치챘을 것이다. 그럴수록 몸도 입도 굳어갔을 것이고. 인지적인 문제는 아니라고 판단하고 엄마를 만나보자 싶었다. 그러기 전에 아이를 먼저 만났다.

"나연이 혹시 글쓰기 시간이 싫니?"
(고개를 숙이고 입술을 잘근거릴 뿐 아무 말 없다.)
"선생님은 나연이를 돕고 싶어. 힘들면 이 수업 꼭 안 해도 돼. 엄마한테는 선생님이 잘 말씀드릴게."
(여전히 처음 그 자세, 눈동자만 이리저리 움직이고 있다.)
"나연이 말하고 싶지 않구나. 그러면 이렇게 하자. 선생님 말이 맞으면 고개를 끄덕이고, 아니면 고개를 저어줄래?"
(고개를 끄덕한다. 처음으로 보인 의사 표현이다.)
"나연아, 글쓰기 그만하고 싶어?"
(도리도리)
"아, 다행이다. 싫은 건 아니구나. 그럼 글쓰기가 어렵니?"
(끄덕)
"흠, 어려웠구나! 그래 보여서 도와주려고 하면 나연이가 아무 말도 안 해서 선생님도 힘들었어. 선생님 말이 어려웠니?"

(도리도리)

"그렇구나. 그럼 엄마한테 의논 드려도 될까? 선생님 혼자는 어떻게 해야 할지 모르겠거든."

(끄덕끄덕)

그렇게 해서 만난 엄마가 이런 자리를 예상한 듯 '서늘했다'고 운을 떼더니 이렇게 말했다.

"첫애였는데, 보자마자 애가 날 닮았다는 걸 느꼈어요. 마음이 아프더군요."

아이가 또래들과의 교류를 힘들어하는 것 같다고, 도통 말을 하지 않는다고, 어떤 때는 혼자 먼산바라기 하다가 끝날 때도 있다고, 어떻게 지도하는 게 좋을지 조언을 구한다고 묻던 참이다. 순간적인 느낌이 정확할 때가 있다. 단도직입적으로 엄마에게 물었다.

"어머니 어렸을 때 외로우셨나 봐요?"

주르륵, 엄마의 얼굴 위로 눈물이 흘렀다. 잠시 머뭇거리더니 엄마가 "네." 하고 수긍했다. 소아청소년과 의사라고 했다. 아이의 성장과 발육에 대해 누구보다도 잘 알고 있을 터였다. 외로움을 아는 사람이 자식에게서 비슷한 그늘을 느꼈을 때 얼마나 당황했을까. 무슨 말을 해야 할지 망설이는데 엄마가 뜻밖의 말을 꺼냈다. 안 그래도 아이가 학원 가기를 싫어해서 그만두려 했다는 것이다. 그런데 글쓰기 시간은 너무 좋다고 해서 개인 수업을 할 생각이었단다.

"조용한 아인데 괜찮을까요? 혼자서 심심할 텐데요."

"아뇨. 괜찮아요. 나연이가 원해요. 저도 그러는 게 좋을 것 같고요."

아이가 수업 시간에 뭘 하는 걸 본 적이 없다. 글쓰기의 무엇이 좋았을까? 엄마도 아이도 마음을 알기는 어려웠지만, 그러기로 했다.

일대일로 만난 아이는 한결 편안하고 쾌활해 보였다. 여전히 차분하고 조용했지만, 이전처럼 막무가내로 입을 다물고 있지는 않았다. 덕분에 새로운 모습을 알게 되었다. 아이는 경험 글보다 상상 글을 좋아했고, 자연 관찰을 한 후에 그것을 그림으로 그리고 모양이나 특징, 움직임에 대한 설명을 아주 잘했다. 낱말찾기는 특히 열광했다. 몇 개를 찾았는가보다 낱말을 인식하는 기회로 의미 있는 활동이다. 나는 찾아야 할 개수를 일부러 많이 준다. 10분 만에 끝말잇기 40개, 세 음절 낱말 30개를 찾기란 2학년에게는 높은 목표다. 나연이는 달랐다. 골똘한 얼굴로 반듯하게 앉아서 웬만하면 개수를 다

채웠다. 그러지 못한 날은 집에 가서 끝까지 찾고는 다음 시간이 시작되자마자 공책을 들이밀었다.

나연이와 4년을 함께했다. 겪은 일 쓰기, 상상하는 글쓰기, 관찰 기록하기, 소리 내서 책 읽고 녹음하거나 이야기 나누기, 책 속에서 마음에 드는 문장 옮겨 쓰기, 책 속 인물 그려보고 느낌 쓰기 등 다양한 활동을 많이도 했다. 아이의 실력 향상은 엄마의 관심 밖인 듯했다. 그에 대해 한 번도 물은 적이 없다. 소질로 보자면 아이는 미술 쪽이었다. 학년이 오르면서 수학 숙제와 영어 단어 암기에 허덕이면서도 아이는 미술을 배웠다. 주요 과목은 주요 과목이라 공부하고, 취미는 취미라서 즐기고. 엄마의 교육관은 그런 듯했다. 글쓰기에 대한 생각도 분명하게 말했다. "생각을 언어로 표현하는 자체가 중요하잖아요. 국어도 영어도 수학도 고등학교 때까지 배우는데 글쓰기도 그래야지요. 하다 보면 잘하는 건 더 잘하게 되고 못하는 건 못하는 대로 발전하잖아요. 못하는 것일수록 배우는 과정이 즐거우면 좋겠어요."

마음이 글로 나타나는 방식은 사람마다 다르다. 엿가락처럼 줄줄 뽑아내는 사람이 있는가 하면 조심조심 살피면서 걷는 사람도 있다. 생각하는 대로 표현을 잘하는 사람이 있고 잘 쓰지는 못해도 쓰는 시간 자체를 좋아하는 사람도 있다. 나연이는 일대일로 만나는 동안에는 '얼음 소녀'였던 적이 없다. 그저 편안하게 시간을 즐겼다. 그러나 엄마 마음은 가늠하기 어렵다. 성적에 욕심내면서도 비용을 들이면서까지 긴 시간을 글쓰기에 내어준 그 마음은 무엇이었을까. 나연 엄마의 훌륭한 교육관에도 불구하고 이런 생각이 들었다. 엄마도 아이처럼 혼자만의 글 쓰는 시간을 갖고 싶었던 거라고. 엄마의 외로웠던 어린 시절을 아이에게 포갰던 거라고.

어떤 마음은 스스로 목소리를 내지 않는다. 트라우마일 수도 조심성일 수도 있다. 나연 엄마에게는 적극적으로 낱말을 찾았던 기회가 없었는지도 모른다. 목소리를 내지 못한 엄마 마음이 또래들과 어울리지 못하는 딸의 어려움을 알아보았던 것 같다. 말과 글이 본능인 것처럼 자식에 대한 사랑도 본능이니까.

우리는 그 시간을 멋지게 함께했다. 마음 맞는 사람과 함께하는 기쁨을 온전히 누린 셈이다.

병원 가는 기분으로 글을
쓰고 싶지는 않다.

쓰기를 가르치며 인생을 배웠습니다

치유 말고 몰입

'치유의 글쓰기', '나를 살리는 글쓰기'라는 표현을 볼 때마다 영화 「그르바비차」가 떠오른다. 말하기의 치유 효과를 꽤 잘 보여주기 때문이다. 그르바비차는 보스니아 수도 사라예보에 있는 마을로 1992년 보스니아 내전 당시 세르비아군 포로수용소가 있던 곳이다. 영화는 이곳에서 집단 강간을 당한 한 여성을 중심으로 전쟁의 상처를 안고 사는 여성들을 이야기한다. 보스니아 내전 3년 동안 25만 명이 죽고 100만 명의 난민이 발생했다. 생존자들은 모두 깊은 트라우마 속에 있다. 성폭력 피해 여성들의 트라우마는 애달픔마저 깊다. 모성애와 수치심과 분노의 나날은 끝나지 않은 전쟁이나 마찬가지다. 지원센터는 그들을 위해 집단 상담을 계획한다. 내면의 치유보다 생활고 해결이 절박한 그들은 이렇게 외친다.

"시간 낭비하지 말고 차라리 돈을 내놔."

상담사는 안다. 봉인된 상처는 평생의 고통이라는 것을. 그래서 호소한다.

"무슨 일이 있었는지 절대 말하려고 하지 않지만, 이야기하지 않고는 치유될 수 없어요."

그들은 결국 용기를 낸다. 한 사람 한 사람 고백을 잇는다. 당신의 상처가 나의 상처이기에 가슴에 피가 흐른다. 과거의 고통을 앞에 두고 소리치고 발버둥친다. 도망치고 싶다. 그러나 몸이 자리에 붙박힌 채 말문만이 열린다. 그러는 와중에 마음속에 길 하나가 생긴다. 그 위로 흐린 날 태양 같은 말간 빛이 퍼진다. 서시가 같나는 설 알면서도 냉담했던 그들은 이제 서로를 끌어안는다. 사는 일은 여전히 아득하고 막막하지만, 서로를 향해 마음의 문을 열어젖힌다. 해가 뜨고 달이 뜨는 걸 함께 보면서 일상을 나누려 한다.

말하기는 오래전부터 심리학과 교육학에서 하나의 심리 치료 방법으로 이용돼 왔다. 글쓰기가 심리 치료에 이용된 것은 약 150여년 전 미국에서다. 유럽은 이보다 한참 뒤인

1990년대 중반부터 시작되었다.* 효과는 글쓰기 쪽이 더 클 수도 있다. 말은 즉흥적이고 즉각적이라 감정이 분출되지만, 글은 회고적이고 성찰적이라 자기를 객관화한다. 그로부터 상처를 바라보는 감정이 담담해진다. 내면의 치유가 시작되는 지점이기도 하다.

지금 나도 고백하고 있다. 글쓰기의 치유 효과, 살림의 효과를 믿는다고. 하지만 나는 이 표현이 불편하다. 글을 쓰는 행위에 '치료적'이고 '의료적'인 개념을 부각하는 게 마땅치 않다. 사는 게 죽을 만큼 힘들긴 하다. 난폭하고 흉악한 사건사고와 부조리들이 사는 힘을 얼마나 뺏어가는지. 그로 인한 상처와 아픔은 또 얼마나 많은지. 행복하기만 한 인생은 어디에도 없고, 나의 고통은 언제나 타인보다 더 구체적이다. 아, 그래서인가 보다. 그래서 글쓰기를 욕구하고 그래서 치유와 살림의 효과에 공감하는 건지도. 소중한 나를 위해 그렇게라도 내면의 상처에서 벗어나고 싶은 건지도. 아, 그러나, 그래도, 그런 식의 치유가 나는 의심스럽다.

SNS에 친구가 올린 글을 읽고 새삼 그 친구의 글솜씨에

---

* 『날마다 글쓰기』(루츠 폰 베르데, 바바라 슐테 슈타이나게)

감탄한 적이 있다. 내용의 밀도를 유지하면서 반질반질 기름 칠한 것마냥 어찌나 쑥쑥 밀고 나가는지, 알토란 같은 글이었다. 글쓰기 방법에 정답이나 왕도는 없다. 챙겨야 할 필수 조건이 몇 개 있을 뿐. 개인마다 속도는 달라도 배우기만 한다면 그 조건은 웬만하면 습득한다. 그러나 글맛은, 감칠맛 도는 글맛은 양상이 다르다. 『랭스로 되돌아가다』라는 책을 보면 그런 힘이 어디에서 비롯되는지 느낄 수 있다. 이 책은 저자 디디에 에리봉의 계급적 고백록에 가깝다. 그는 현재 프랑스의 대학 교수이지만, 모국 사회에 내재한 계급 질서상 교수가 되기에는 함량 미달 조건이었다. '개천의 용'이었던 그는 파리에 정착한 후 고향 랭스에 발길을 끊고 가족들 왕래도 끊고 살았다. 그랬던 사람이 사회와 역사적 맥락을 따라가며 자기 삶과 생각을 고백하는 방식으로 자아 성찰을 한다. 본인의 정신세계를 깊이 깊이 파고들어갈 때의 대담함과 냉정함과 담담함과 겸허함이 엄청난 글이었다. 자신의 정신세계를 하나의 물질인 양 뚝 떼어놓고 철저한 관찰과 해부와 분석으로 끝도 없이 이어지는 마인드맵처럼 내용을 펼쳤다. 내면에 그런 글에 대한 욕구와 필요성을 분명히 새기고 제대로 몰입하지 않으면 나오기 힘든 글이었다고 본다. 내용의 밀도, 유연한 전개, 오도독거리는 식감의 문체는 읽는 사람의 몰입을 덩달아 이끌어냈다.

  글쓰기의 치유 효과. 나는 몰입에 있다고 생각한다. 운동을 생각해보자. 운동을 설렁설렁 해서는 소용이 없다. 운동은 동작에 집중해야 효과를 본다. 글쓰기를 운동에 비유하자면 '백지 위의 걷기 운동'이다. 걷기에 몰입하면 시나브로 치유가 된다.

  그때의 몰입은 나를 살린다기보다는 나를 세운다. 가령 이런 것이다. 글쓰기는 생각의 번역이다. 생각에 어울리는 표현을 고심하여 골라야 한다. 어울린다 싶어서 쓰고 보면 아니다 싶은 게 많이 보인다. 고친다. 다시 고심하고 고르며 쓴다. 그러다가 생각이 또렷해질 때가 있다. 번역이 잘된 것이다. '쓰는 나'와 '읽는 나'가 한 몸이 되는 이 과정이 몰입의 상태다. 그 끝에 탄생한 '내가 쓴 글' 앞에 자부심이 있다. 자부심이란 것에 발이 달렸던가. 자부심은 기다렸다는 듯 나에게 와 안긴다. 쓰지 않으면 몰랐을 자부심에서 희열을 느낀다. 그것은 자기 존중감을 무한대로 확장시킨다. 아이들이라고 다르지 않다. 연필 쥔 손을 허공에 휘휘 저으며 백지 위를 열렬히 걷는다. 쓰기에 몰입한 얼굴은 고요하고 잔잔해진다. 볼은 발그레 초롱초롱 눈망울. 눈부시게 빛난다. 몰입의 힘과 자기를 믿는 마음이 거기에 있다.

나는 세상에서 제일 힘든 관계가 자기와의 관계라고 생각한다. 그 관계가 편안해야 감당할 힘이 생긴다. 문제 상황 앞에서 내가 나를 설득하고 이해하고 보듬어주고 끌어안을 수 있다면 힘들고 어려운 일의 무게는 감당할 만큼이 되는 것이다. 그런 말 있지 않나, 왜. 일이 힘든 건 참겠는데 마음이 힘든 건 못 참겠다고. 보기 싫은 사람은 안 보면 그만인데 나 자신이 미워지면 견디기 힘들다고.

세상 변화가 몹시 빠르다. 제자리에 있을지언정 뒤처지면 안 될 것 같다. 그렇다고 언제까지 제자리에 있을 수만도 없다. 자칫하면 소외되고 배제되기 쉽다. 변화의 동력은 내 안에 있다. 그 힘이 필요하다 싶을 때 나는 글의 세계로 들어간다. 가슴속 말이든 책 속의 글이든 일단은 쓴다. 실컷 쓴 다음 종이 위에 펼쳐진 마음을 지그시 본다. 안정감이 든다. 그런 경험, 누구나 있을 것이다. 눈물 흘리며 쓴 글 앞에서 홀가분해지던 경험. 화난 마음을 욕설과 비속어로 토해낸 후 진정되던 경험. 한 자 한 자 글씨에 정성 들이며 쓰기의 평화와 소중함을 느꼈던 경험.

그러므로 글쓰기는 나를 살린다. 그래도 나는 이 표현이 싫다. 병원 가는 기분으로 글을 쓰고 싶지는 않다. 살리는 글쓰기냐 세우는 글쓰기냐는 취향이겠지만, 많은 사람이 글을 쓰는 마음의 방향을 몰입의 시간에 두면 좋겠다.
 "선생님, 제 글 한번 읽어보실래요?"
 숙제를 낸 것도 아닌데 저 혼자 쓴 글을 내밀며 아이들이 말할 때 나는 가슴이 뛴다. 벅차게 좋다.

여우가 자기만의 언어로 어린 왕자를 깨우쳐 준 것처럼
아이들도 자기만의 개념어로 나를 깨우쳐 주었다.

쓰기를 가르치며 인생을 배웠습니다

개념 있는 사람

아직은 바람에 썰렁한 기운이 남아 있던 어느 해 초봄. 주점이 늘어선 유흥가를 걷고 있는데 목련 나무 한 그루가 눈에 띄었다. 기둥 밑으로 수북히 쌓인 담배꽁초, 먹고 버린 음료수 깡통. 어수선하고 지저분한 주변이 화사하고 아름다운 연노란 목련과 어울리지 않았다. 뜬금없는 생명체. 부조화의 극치. 동행이 있는데도 나는 걸음을 옮기지 못하고 나무를 바라보았다. 갑자기 눈물이 핑 돌더니 슬픔이 밀려들었다. 말을 할 수 있다면 나무에게 묻고 싶었다. 너의 생은 어떤 사연이길래 이런 데서 산단 말이냐. 어쩌다가 이렇게 누추한 곳에 너의 몸을 묻었단 말이냐. 길에 서서 공허한 질문에 잠겨 있는데 귓전으로 문득 이런 말이 스쳤다.

희망이란 어두운 동굴에 갇혔더라도 언젠가는 손전등을 찾고 나간다는 거야.

이런이런. 열두 살 아이가 나를 달래주네. 그렇게나 정확한 말로 나를 위로하네. 이런이런. 이렇게 고마울 데가.
'개념어 사전' 수업에서 나온 말이다. '개념어 사전'은 낱말의 개념을 직접 만들어보면서 낱말의 뜻을 실감하고 표현 감각을 익히는 활동이다. 사전은 볼 수 없다. 스스로 생각해서 주어진 낱말의 뜻을 풀이하거나 어떤 상황에 쓰는 것인지 설명해야 한다. 할 때마다 놀란다. 분명히 어려울 거야, 하는 예상이 만날 깨진다. 그날 '희망'에 대한 개념에 이런 것도 나왔다.

희망이란 나 혼자 있다 해도 포기하지 않으면 생기는 것.

희망이란 아무리 어두운 곳이라도 작은 빛은 있을 수 있다는 것.

생텍쥐페리의 『어린 왕자』에 나오는 여우가 거기 있었다.

여우는 '길들인다'는 말에 대한 자기만의 개념을 갖고 있었다. 그것은 '관계를 만드는 것', 즉 '친구가 된다'는 뜻이다. 그러자면 '준비 의식'이 필요하다. 어린 왕자가 묻는다. '의식'이 뭐냐고. 여우는 말한다. '의식이란 어느 하루를 다른 날들과는 다른 특별한 날로 만들어 주고 어떤 한 시간을 다른 시간들과는 다르게 만들어 주는' 것이라고. 어린 왕자는 깨닫는다. 자기가 별에 두고 온 장미는 주변에 흔히 있는 장미가 아니었음을. 세상에 하나뿐인 어린 왕자의 친구였음을. 여우가 자기만의 언어로 어린 왕자를 깨우쳐 준 것처럼 아이들도 자기만의 개념어로 나를 깨우쳐 주었다.

나는 아이들이라고 해서 특별한 감정을 갖지 않는다. 어린이는 소중하고 귀한 존재라거나 순수하고 맑은 영혼이라거나 그 자체로 시인이라는 말에 갸우뚱한다. 그런 존재가 어린이뿐일까? 어른은 그렇지 않나? 사람은 누구나 귀한 존재다. 사람의 영혼은 누구나 다 순수하고 맑다. 배우지 않고도 우러나는 시심은 아이들뿐 아니라 어른에게도 있다. 가능성, 나는 그 부분에 대해서만 아이들을 존중한다. 아직은 살아갈 날이 많으니까. 아직은 무엇이 될지 모르는 존재니까. 아직은 위악과 위선에 덜 물들었으니까. 아직은 괜찮은 사람이 될 가능성이 훨씬 많으니까.

그래서 나는 아이들 가슴에 '개념'이라는 나무를 심으려 한다. 말의 뜻을 새겨보기. 자기 머리로 생각하기. 자기 생각을 언어로 표현하기가 내가 심는 개념이라는 나무다. 말의 뜻은 사전에만 있지 않다. 사전적 정의와 다르게 쓰이는 말들이 세상에 얼마나 많던가. '섹시하다', '쩐다'는 멋진 사람이나 멋진 일을 가리키는 말로, '골탕 먹다'는 곤란한 일을 당했다는 뜻으로, '기특하다'는 말과 행동이 특별하고 귀여운 아이를 가리키는 말로, '나쁘다'는 기준에 못 미치거나 좋지 않다는 뜻으로 바뀌어서 쓰이고 있다. '쩐다'는 신조어니 그렇다 치고 '섹시하다'는 표현은 아무 때나 쓰기에는 성적인 뉘앙스가 짙은 말이었다. 그러나 요즘 이 말은 최고로 멋지다는 뜻으로 완전히 바뀌었다. '골탕'은 원래 소의 머릿골과 등골을 맑은 장국에 넣어 끓인 맛있는 국물을 가리켰다. 이 뜻대로라면 '골탕 먹다'는 그런 국물을 먹는 것이어야 한다. '기특하다'도 원래는 부처님이 세상에 온 일을 가리키는 말로 굉장히 드물고 특이한 일을 가리켰다. '나쁘다'는 원래 '낮+브+다'로 이루어진 말로 높지 않다는 뜻을 지닌 것이었다.

원래 의미에서 바뀐 말을 사전에서 찾으면 그 양이 어마어마하다. 말의 개념을 스스로 만든다 한들 무슨 문제겠는가. 아이들도 생각이 있어서 엉뚱하거나 어색한 개념은 만들지 않는다. 오히려 그럴 듯한 내용에 절로 고개를 끄덕이며 공감하게 된다. "어떻게 이런 생각을 다 했을까?" 감탄했던 개념어들이 얼마나 많은지 모른다.

생일

엄마의 몸에서 빠져 나와 자기 자신이 되는 날. 슬픈 날이기도 하고 기쁜 날이기도 하다. 세상에서 고생해야 하니까 슬프지만, 가족의 사랑과 보살핌은 살아갈 즐거움을 준다.

민망함

혼자 엘리베이터를 타고 가다 미친 듯이 춤을 추는데 내릴 때 문이 열리면서 다른 사람이 나를 보았을 때 느끼는 감정

표현

가슴속 보이지 않는 어떤 것을 밖으로 끄집어내는 것. 기분이나 재능을 드러내는 것을 생각하면 된다. 꼭 좋은 것이 드러나는 것은 아니다.

집에 국어사전과 영어사전, 한자사전은 당연히 있어야 한다고 여기던 시절이 있었다. 그러나 지금은 사전보다 쉽고 빠

른 방법을 손에 쥐고 산다. 뜻이 바뀐 말뿐 아니라 새로 생기는 말도 많고 많은 세상에서 말에 대한 나만의 뜻을 갖는 것은 창의적인 개성이 아닐 수 없다. 김소연 시인의 『한 글자 사전』은 그에 대한 '섹시한' 사례다. 나는 특히 '춤'에 대한 개념이 좋다.

춤

음악에 맞추는 춤은 멋이 나고, 음악에 맞추지 않는 춤은 웃음이 나고, 음악도 없이 추는 춤은 어쩐지 눈물이 난다. 여럿이 추는 춤은 신명이 에워싸고, 둘이서 추는 춤은 사랑이 에워싸고, 혼자서 추는 춤은 우주가 에워싼다.

시인 덕분에 분명히 알게 되었다. 내가 만나는 아이들이 우주가 에워싸는 아이들이라는 것을. 오, 쩐다, 아이들! 와우!

글에서 논리력을 강조하면 글을 쓰는
즐거움은 방해받는다.

글, 쓰기와 짓기

글을 쓰는 행위는 오랫동안 '글짓기'라고 불렸다. 요즘은 학교에서도 글짓기보다는 '글쓰기'라는 이름을 더 많이 쓰고, 사회적으로는 아예 이 말로 고정된 듯하다. 호칭의 변화는 글에 대한 생각의 변화를 느끼게 한다. '글짓기'라고 이름했을 때 글은 '누구나' 쓰는 것이 아니었다. 구조를 계획하고 소재와 주제에 맞는 표현을 따져가며 수준 높은 완성품을 만드는 것이었다. '누구나' 쓸 수 있지만 '누구나' 짓기는 어려웠던 셈이다. '잘 쓴 글'에 대한 기대치가 높기 때문인지 '글짓기' 시절에는 대회도 많아서 아이들이 학교에서 글짓기 과제를 받아오면 내 수업은 그것을 지도하는 시간으로 바뀌곤 했다.

그에 비해 '글쓰기'는 개인의 자유로운 발언권을 더 중시하는 느낌이다. '잘 쓴 글'의 기준에서 벗어나 누구나 말을 하듯 글도 누구나 쓸 수 있다는 생각이 바탕에 있다. '잘 쓴 글'의 기준을 무시해도 된다는 게 아니다. 쓰고 싶은 욕구를 타인의 시선이나 평가 때문에 누르지는 말자는 의미가 더 크다. '글짓기'가 형식적 완전함까지 원한다면 '글쓰기'는 내용적 충실함을 더 원하는 것으로 보인다.

글이 쓰기냐 짓기냐 라는 인식에 선구적인 영향을 끼친 분은 이오덕 선생이다. 농촌 지역 교사이자 아동문학가이며 어린이 글쓰기 운동을 이끌었던 활동가로서 선생은 글쓰기 수업을 하는 모든 이들에게 살아있는 교과서로 존재한다. 나 역시도 글쓰기 쌤이 된 첫해에 『글쓰기 교육의 이론과 실제』라는 책을 통해 선생의 정신을 내면화했다. 선생의 정신을 이어받은 단체에서 저술한 것인 만큼 책의 내용은 선생의 가르침이나 다름없었다. 선생은 이미 1960년대에 글은 '쓰는' 거지 '짓는' 게 아니라고 말씀하셨다. 그래서 나온 방식이 '입말' 그대로 글을 쓰는 거였다. 어린이 글에 기교나 꾸밈이 있는 것을 극도로 싫어했던 선생은 말이 곧 글이 되는 방식으로 삶과 글이 밀착된 '쓰기'를 주장했던 것이다. 이는 곧 어렵게만 여겨졌던 글을 편안하고 자연스럽게 받아들이게 하는 한편

아이들이 자기 목소리를 내는 존재가 되도록 이끌었다. 머리로 '짓지' 말고 가슴으로 '써라'. 선생의 정신을 한마디로 요약하자면 이렇게 말할 수 있다.

내용상으로는 나도 선생의 정신에 동의하고 공감하는 바크다. 그럼에도 '글쓰기'라는 이름을 전면적으로 쓰게 된 건 길어야 십 년쯤밖에 되지 않는다. 시대 분위기 때문이었다. 2000년대 초반까지의 입시에서 논술이라는 짓기는 주요 변수 중 하나로 작용했다. 아마도 이때가 글짓기 학원과 논술 학원의 전성기였을 것이다. 아이들 대부분이 이들 학원에 다녔다. 초등학생이라면 글짓기였고 중고등학생이라면 논술이었다. 글짓기와 논술은 엄연히 다르다. 글짓기 수업이 생활문을 비롯해 독후감, 논설문, 설명문, 동시 등을 다룬다면 논술은 논술문과 그것을 잘 쓰기 위한 요약 연습을 주로 다룬다. 배우는 목적과 내용이 다른 만큼 각각의 수업에서 학년이 다른 것은 지극히 당연했다.

그러던 게 언제부턴가 글짓기도 논술이라 불렀다. 실제로 논술문을 가르치는 학원이 아니라면 뭔가 더 전문적으로 보이려는 차별화 내지 상술이었다. 나는 강남은 물론 교육열이 높다는 강북의 논술 학원 경력도 있다. 진짜 '논술' 학원과 '글짓기' 논술 학원도 경험해봤다. 이들 학원은 내가 추구하는 방향과 거리가 멀었다. 취향이거나 능력 부족이었겠지만, 글자 수 맞추고 구조를 분명히 하고 주장과 설명이 주제를 향해 정확하게 가야 하는 논술은 나부터가 재미없었다. 논술은 건물을 짓는 과정에 비유할 수 있는 이른바 '짓는' 글이다. 읽고 쓰는 즐거움을 모르는 상태에서 입시를 위한 논술은 아이들에게 어려운 글이었고, 나 자신도 그런 기분을 주는 수업을 굳이 하고 싶지 않았다.

표현이 이상하지만, 글짓기를 하는 논술 학원은 애매했다고 할 수 있다. 저항감이 컸다고 하는 게 더 정확하겠다. 이들 학원은 모든 글에서 논리력을 강조했다. 논리란 주장과 의견에 대한 타당한 근거를 가리키기도 하고 문장과 문장, 단락에서 단락으로 넘어가는 내적 연결성을 가리키기도 한다. 논리는 논설문이나 설명문에만 필요한 게 아니다. 생활문과 독후감에도 필요한 요소다. 그러나 글에서 논리력을 강조하면 글을 쓰는 즐거움은 방해받는다. 글을 처음 배우는 아이들이라면 쓰고자 하는 의욕이 논리보다 앞에 있어야 한다. 학교 아니면 학원이 생활 전부이다시피 한 아이들에게 비록 공부라 해도 할 수 있는 한 최대한의 즐거움을 주고 싶은데, 논리력을 강조하면 그러기가 힘들다. 모든 행간을 평가하기 때문이다. 논리가 부족한 부분, 약한 부분, 보완할 부분, 잘못된 부분을 솎아내는 것은 물론 문장 호응이나 맞춤법, 적절한 낱말 사용 등 문법과 표현도 꼼꼼하게 챙겨야 한다. 그렇게 모든 글쓰기를 논술 중심으로 가르쳐야 할까? 논리만이 아니라 쓰는 즐거움도 알게 하면 안 되는 걸까?

글 쓰는 행위의 명명을 정리하는 계기는 그렇게 왔다. 그동안 나는 '쓰기'보다는 '짓기' 쪽에 더 마음이 끌렸다. 시대적인 요구도 그렇거니와 이왕 배울 바에는 '잘 쓴 글'이 목표여야 한다는 생각이었다. 그래서 상황에 따라 글쓰기는 성인용, 글짓기는 아이용으로 구분해서 불렀다. 하지만 글은 지을 줄도 알아야 하지만 쓸 줄 아는 게 먼저라는 쪽으로 생각이 바뀌면서 '글쓰기'로 통일해서 불렀다. 쓰는 사람 마음이 편하고 즐겁지 않으면 아무리 연습해도 글은 늘지 않는다. 그것이야말로 목표에 도달하는 동력이라는 걸 실감했던 것이다.

글쓰기라는 이름은 자동기술법을 연상시킨다. 논리나 구조가 뒤에 있는 떠오르는 대로 술술 자유로운 쓰기다. 시작한 지 얼마 안 된 아이들이라면 자동기술법이 좋다. 분량에 상관없이, 맞춤법 띄어쓰기 신경 쓰지 않고, 쓰고 싶은 대로 마음껏. 글의 완결성을 보류하면 쓰기에 대한 부담을 한결 줄일 수 있다. 수업에 적응하는 시간도 훨씬 줄일 수 있다. 그래서 나는 논리라는 말은 되도록 쓰지 않는다. 쓰기에 집중하도록 아이들 마음을 한 번이라도 더 쓰다듬는다. 그런 마음으로 쓴 글은 내용이 좋다. 근거 분명하고 연결 매끄럽고 설명도 자세한 논리적인 글이다. 아이들 수업은 일종의 심리전이다. 마음을 얻으면 결과가 좋고 마음을 잃으면 결과가 나쁘다. 초등 아이들이라면 글이 다가가는 방식은 '쓰기'여야 한다. '짓기'는 쓰기가 익숙하고 능숙할 때 해도 늦지 않다. 독서토론과 논술은 글쓰기 다음 차례라는 것이 내 생각이다.

집의 리모델링은 비용 부담 때문에 망설일 수 있지만,
정신의 리모델링은 마음먹기에 달린 일이다.

쓰기를 가르치며 인생을 배웠습니다

이오덕 정신의 리모델링

글을 가르치려면 쓰는 이의 심리와 감정을 살피면서 개인의 다양한 생각을 세심하게 읽어야 한다. 평가에 있어서 하나의 공통된 기준이 없다는 점에서 지난한 과정을 견뎌야 하는 까다로운 일이다. 아이들은 특히 생각하기, 읽기, 말하기, 쓰기로 이루어진 수업에서 말하기를 제외한 다른 부분을 싫어하기 때문에 까다로움이 배가된다. 문법이나 맞춤법마저 서툴다면? 휴…, 일단은 내쉬는 한숨 먼저. 마음을 가라앉힐 필요가 있다. 알려준다고 바로 고쳐지지 않는다. 끝까지 고치려 들었다가는 국어 시간이 될 위험도 크다. 아이 글에 어느 정도 일관된 흐름이 있다면 문법이나 맞춤법은 스스로 교정할 수 있을 때까지 꾸준히 지도하는 것이 낫다. 방법 이전에 태도, 즉 자유롭고 솔직한 마음을 갖게 하는 것이 더 중요하다는 얘기다.

경험으로 이것을 깨닫기 전까지는 작고하신 이오덕 선생이 나의 정신적 바탕이었다. 글쓰기에 관심이 있거나 지도하는 사람이라면 누구나 다 알고 있을 분. 어린이 글쓰기 세계의 선각자이신 그분 말이다.

43년간 농촌 지역의 현직 교사로서 참교육을 실천했던 교육자, 어린이가 주체적 존재가 되도록 이끌었던 글쓰기 운동가, 관념적이고 계몽적인 아동문학을 비판하고 줄기차게 비평 활동을 펼쳤던 아동문학가, 외국어와 일본식 한자에 오염된 우리말을 지키고 발굴했던 우리말 연구가였던 선생은 관련 업계의 교과서요 바이블로 통했다. 어린이 청소년 글짓기 교육이 본격화되던 1990년대에 그 진가는 한층 두드러졌다. 선생이 직접 썼거나 다른 문인과 교육활동가들이 관련해서 쓴 164건의 책들은 교육의 정신과 어린이 글쓰기 지도론 측면에서 탁월한 교본이었다. '어린이'라는 말을 통해 어린이가 독립된 인격체임을 선포한 분이 방정환 선생이라면 교육을 통해 어린이 스스로 주체적 존재임을 자각하게 한 분은 이오덕 선생이다. 그 가치와 의미는 시대를 초월해 지금도 여전히 유지되고 있다.

그럼에도 도서관 서가에서 선생의 책을 볼 때마다 마음 한편이 씁쓸하고 의구심이 든다. 정치, 경제, 교육, 문화, 생활 모든 면에 변화가 너무도 큰데, 오늘날 독자들은 선생의 정신을 어떻게 생각하고 수용하는가? 선생의 신념과 정신에 동의하고 공감하지만, 지도론 측면에서 선생의 방식은 시대착오적이고 구태의연한 모습이 적잖게 있다. 나만의 생각인지, 나와 같은 생각이 있기는 한지, 있다면 얼마나 되는지, 나는 그것이 무척이나 궁금하다.

선생의 사후, 어린이 글쓰기 세계는 다양한 분열의 양상을 보이고 있다. 이오덕 정신을 바탕에 두면서도 '학습에 도움 되는', 'SKY에 가기 위한'이라는 욕망을 글쓰기 책에 고스란히 드러낸다. 읽기와 쓰기가 학습에 도움 되는 것이 사실이라 해도 그 말을 달고 있는 글쓰기 책들은 읽기와 쓰기의 가치를 모독하는 느낌이 든다. 도서관에 있는 선생의 책들이 이오덕 정신을 어린이 글쓰기론의 중심 기둥으로 삼는 방증이라면 이들 책이 보여주는 현실적 욕망은 어떻게 받아들여야 하는 걸까. 쉽게 쓰는 방법, 매일 연습으로 쓰는 실력 높이기, 독서록은 이렇게, 일기는 이렇게, 하는 내용들은 이오덕 정신의 계승이라기엔 일시적이고 지엽적이다. 속도에 치여 사는 때문일까? 입시 제도가 복잡해서일까? 인터넷 접속의 일상화로 문해력이 떨어져서일까? 그러나 악조건 상황에서도 본질에 입각한 신념과 날카로운 비판의식을 버리지 않는 사람들은 있는 법이다. 나는 그러한 선생의 정신을 기억하고 싶다. 오늘에 되살리고 싶다. 다만, 다음과 같은 선생의 주장은 달라지면 좋겠다. 선생의 어린이 지도론 핵심을 건드리는 것이라 마음에는 걸려도 활동가의 한 사람으로 늘 고민했던 부분이었다.

첫째, 외국어와 일본식 한자를 배제하고 토속어와 사투리를 포함한 순우리말을 쓰자는 주장.
둘째, 어른의 글을 흉내 내는 것은 나쁘다는 주장.
셋째, 경험에서 우러난 정직하고 참된 글을 쓰자는 주장.
넷째, 말하듯이 입말로 쓰라는 주장.

각각의 주장에 대해 나는 이렇게 생각한다.

외국어와 일본식 한자를 배제하고 순우리말로?
먼저, 일본식 한자에 대한 것은 문제가 좀 복잡하다. 표준국어대사전에 실려 있는 약 44만 단어의 표제어 중 한자어는 약 57%, 명사의 한자어 비율은 약 80% 수준이다. 우리말에 이렇게 한자어가 많아진 데는 중국에 영향받은 조선의 학문적 배경과 일제의 식민지 정책에 원인이 있다. 일본은 서양의 근대 정신 문화를 번역하면서 그것을 대체할 새로운 조어를 만들어냈고, 그것 그대로 식민지 조선에 이식되었다. 한자어는 일상에 섞여 들었고 중국식과 일본식 한자는 구분조차 희미해졌다. 콕 집어서 '일본식 한자'를 배제하자는 선생의 주장은 현재로서는 방법이 없다. 게다가 한자어가 아니고는 의미 전달이 안 되는 우리말도 대단히 많다. 자유(自由), 평등(平等), 정의(定義), 인권(人權), 의무(義務), 책임(責任), 시간(時間), 공간(空間), 탁자(卓子), 의자(椅子), 책(冊), 차(車), 정(情), 벽(壁)…, 이들 단어를 대체할 순우리말, 그 역시도 현재는 없다.

외국어와 외래어는 부분적이나마 사회적 차원의 정화 노력을 한 적이 있다. 1970년대 말에서 1980년대 초, 1980년대 말에서 1990년대 초, 그리고 2000년대 초. 대학가와 스포츠계, 건설 현장 등에서 자체적으로 벌인 언어순화 운동이 그것이다. 성공하지 못했다. 뿐인가. 세상이 글로벌해졌다. 비즈니스, 출장, 유학, 여행, 전 지구적 온라인 연결이라는 변화 속에서 영어는 주요 통용어로 자리잡았다. 중국어, 일본어, 독일어, 불어 등 영어 이외 외국어를 사용하는 기회도 훨씬 늘었다. 우리말이 아니라 해도, 혼종 언어 대신에 바르고 고운 우리말을 쓰자고 해도 일상 깊숙이 자리잡힌 언어는 웬만해서는 교화되거나 통제되지 않는다. 저절로 변화하고 저절로 사라지는 언어 특성상 자체 생명이 끝날 때까지 기다리는 수밖에 방법이 없다.

순우리말은 이제 사어에 가깝다. 교과서를 통해 간간이 배우는 시험대비용 어려운 말이 되고 말았다. 중요성을 이유로 글쓰기 수업에서 다룰 수는 있다. 그러나 그것을 이용해 글을 쓰라는 것은 문제풀이와 다를 바 없다. 선생은 아이들에게 글 앞에서 편안한 마음을 강조하며 글을 '입말'로 쓰라고 가르치셨다. 그 정신에 의하면 요즘 아이들에게 순우리말 사용을 요구하는 것은 모순이 아닐 수 없다.

이 주장은 한 나라의 언어 주체성과 민족의 정체성 차원에서 순우리말을 잃지는 말자는 것, 그 말의 품위와 가치를 알기는 하자는 것으로 재해석하고 수용해야 한다고 본다.

어른의 글을 흉내 내는 것은 나쁘다?

이는 입시 제도를 비롯한 현재 교육 현실과 연관되는 내용이다. 그러나 선생의 글쓰기 운동은 청소년보다는 어린이, 즉 입시와는 어느 정도 떨어져 있는 초등학생에 초점이 있으므로 이 글에서도 그 시기에 주목하련다.

 이 주장은 글을 쓸 때 순수하고 솔직한 동심이어야 한다는 뜻이다. 그러면서 경험 글을 강조한다. 그렇다면 웹 소설이나 로맨스 소설을 쓰는 초등학생들은 어떡하면 좋을까? 인터넷이나 유튜브, TV 드라마에 영향 받은 또래 문화 내지는 유행인 건데, '어른의 글'이니까 막아야 할까? 내 생각은 다르다. 일주일에 한 번 만나는 글쓰기 쌤의 역할을 넘어서는 일일뿐더러 '어른의 글'을 흉내 내는 것이 나쁘다는 생각도 들지 않는다. '어른의 생각을 흉내 내는 어른스러운 글'에 약간의 걱정은 보탤 수 있다. 그러나 한때의 호기심이 거쳐가는 통과의례로 자연스럽게 넘기는 게 낫다고 본다.

 흉내 내기는 또 이해의 범위를 넘지 못한다. 베껴 쓰지 않는 이상 흉내도 일정 부분 자기 생각이다. 그 과정에서 글의 발상과 전개, 표현을 배울 수 있다면 '모방은 창조의 어머니' 차원의 '빌려오기'일 것이다. 처음에는 빌려온 언어가 어색할 수 있다. 그러나 새로 알게 된 언어는 언젠가는 다시 만난다. 기억에서 사라지지 않는 한 만남은 반복된다. 반복은 새로운 언어를 체화하는 숙성 과정이다. 자기 생각과 글이 여물지 않았을 때 어른의 세계를 잠깐 넘본들 그것이 그리 큰 문제일까? 배우는 과정으로 이해하면 안 되는 걸까? 문제 아니다, 배우는 과정이다, 내 생각은 그렇다.

경험에서 우러난 정직하고 참된 글을 쓰자?

경험으로 쓰는 글은 일기와 생활문이다. 사실에 기반한 글이므로 정직해야 한다. 다만 경험 글이 곧 '참된 글'인가 하는 점은 의문스럽다. '머리로 이야기를 꾸며 만드는 것이 아니라 가슴으로 쓰는 글'*을 강조한 선생의 생각에 기반하여 '참된 글'이란 글의 갈래가 아니라 글을 쓰는 마음가짐으로 보는 것이 타당해 보인다.

여기서 잠깐. 이오덕 선생이 초대 회장이었던 '한국글쓰기교육연구회'라는 단체가 있다. 거기서 나온 『글쓰기 교육의 이론과 실제 1』이라는 책에는 어린이 글의 갈래를 열 가지로 규정했다. 시와 이야기글(서사문), 느낌글(설명문), 풀이글(설명문), 주장하는 글(논설문), 관찰기록문, 조사보고문, 편지글, 일기글, 연극 대본. 경험 글과 실용 글을 열 가지에 모두 말하면서 선생은 왜 경험 글 이외에 대해서는 말씀이 없으실까? 경험 글이야말로 다른 모든 것보다 최고라는 뜻이었을까? 경험 글 안에서도 부분적으로는 설명과 주장, 시를 포함할 수

---

* 『글쓰기 어떻게 가르칠까』(이오덕)

있다. 관찰문, 편지, 기록이나 보고문, 대본 등의 글도 '가슴'과 '생각', '동심'이 필요하다. 글의 다양한 갈래를 설명하면서 경험 글만을 중요시하는 듯한 모습은 모순으로 보인다. 순수한 마음으로 솔직하게 가슴으로 쓰는 글, 이는 모든 글에서 중요한 덕목이다. 경험 글은 경험 글의 목적이 있고 실용 글은 실용 글이 목적이 있을 뿐이다. 실용 글의 현실적 필요를 외면하는 것은 반쪽짜리 이오덕 정신이다. 나는 실용 글을 참된 글에 포함했을 때 글을 쓰는 태도와 마음이 확장된다고 생각한다.

말하듯이 입말로 쓰자?

글을 어려워하지 말고 편안하게 쓰라는 뜻이다. 좋은 말씀이다. 사투리가 입에 밴 지방 아이들에게 그 말 그대로 글에 쓸 수 있다는 것은 아이에 대한 배려임과 동시에 개성을 담는 특별한 방법이다. 생생하고, 리듬 있고, 발랄한 글이 될 것이다. 오늘날 이 주장은 속어나 축약어를 포함한 일상어와 유행어에도 적용할 수 있다. 선생의 관점에서는 '그런 이상한 말을 어디…' 할 수 있겠으나, '편안하고 자유롭게'라는 측면에는 부합하는 일이다. 다만, 말은 말이고 글은 글이다. 구어체가 있다면 문어체가 있다. 내 경우는 수업 시작 초반에는 '입말' 즉 구어체를 허용한다. 맞춤법, 엉망이지만, 아이들이 편하다면야. 그래서 글쓰기가 만만해진다면야. 일단은 생각과 상상을 밖으로 꺼내는 게 쉬워야 한다. 그래야 앞으로 나아갈 수 있다. 어느 정도 그 수준에 도달했다 싶으면 구어체에서 문어체로 이동을 시도한다. 선생은 글짓기 학원이나 글짓기 대회가 동심을 파괴하는 '짓기'라고 비판했지만, 작가가 꿈인 아이라면 학원에 다니거나 글짓기 대회에 나가고 싶어 한다. 꼭 대회용 글이 아니더라도 글의 올바른 문장은 배워야 한다. 언제까지 현실을 외면하겠는가. 중학교에 가면 수행활동 보고서도 써야 하고, 특목고를 준비한다면 온라인 사이트에 독서 포트폴리오를 기록하기도 해야 한다. 소용되는 자리에 따라 언어 표현이 달라야 하듯 글의 갈래에 따라 표현을 바꾸는 것은 자연스럽고 당연하며, 생각의 폭과 깊이를 확장하기도 한다.

지금까지 이야기는 한마디로 '이오덕 정신의 리모델링'이다. 사는 집이 낡고 불편할 때 리모델링은 환경을 개선하는 좋은 방법이다. 비용을 부담할 수 있다면 안 할 이유가 없다. 정신의 리모델링은 마음먹기에 달린 일이다. 훨씬 쉽게 도모할 수 있다. 그러기 전까지 나는 오랫동안 좌절했고 고민도 많았다. 이오덕 정신을 실천한다고 외국어, 외래어, 한자어 사용 금지를 하는 것만도 말도 못 하게 힘이 들었다. 쓰기 흐름을 방해한다는 점이 가장 큰 난제였다. 도시 아이들에게 이오덕 정신은 몸에 안 맞는 옷이던가, 숱하게 고민했다. 문제는 선생의 정신이 아니라 낡고 어색한 지도론에 있었다. 그로부터 자유로워지자 비로소 수업이 즐겁고 편안해졌다. 더불어 나만의 방법으로 좋은 효과도 많이 보았다. 그에 대해서도 언젠가 책을 쓰고 싶다. "이오덕 정신을 계승한 글쓰기 쌤 아무개가 선생의 정신에 바탕을 둔 이러이러한 방법으로 수업을 참 재밌게 하더라", 이런 말을 듣는다면 기분이 참 근사할 것 같다.

다시 돌아왔다. 에세이로 출발한 내 글이
교육도서로 갔다가 교재가 될 뻔한 과정을 거쳐서
다시 에세이로.

쓰기를 가르치며 인생을 배웠습니다

이명 작가의 첫 책

나에게는 포르투갈에 대한 묘한 향수가 있다. 페르난두 페소아라는 작가 때문이다. 『불안의 책』, 이 한 권으로도 그는 나에게 하나의 우주였고 또 다른 자아였다. 페소아는 20세기 문학사에서 주요 작가로 평가받는 한편 70개가 넘는 '이명(異名)'으로 작품을 발표하여 유명해졌다. '예명(藝名)'이나 '가명(假名)'이 아니라 '이명(異名)'이다! 그의 이명은 인격과 성격과 습관이 모두 다른 독립된 자아로 알려져 있다. 이 이상하고 특이한 작가가 쓴 『불안의 책』을 프랑스 철학을 강의하는 선생님께서 선물하셨다. 첫 장에는 이렇게 쓰여 있었다.

'김이명 선생님께. 2016년 5월 18일.'

'이명'은 내 이름 '예명'의 패러디였으리라. 페소아를 패러디한 '이명(異名)'이었거나. 나는 그 이름에 사로잡혔다. 페소아… 이명… 글쓰기… 작가…. 일련의 이 연상은 나를 향한 무언의 압력이었다. 이제는 너도 글을 쓸 때가 되지 않았냐는 내면의 요구 혹은 계시와 같은.

그로부터 2년 후 어느 날 불현듯 나는 책을 쓰고 싶다는 욕망에 몸을 맡겼다. 글 쓰는 삶을 꿈꾸던 최초의 나에게 40년도 넘어서 회귀한 것이다. 일 마치고 돌아와 매일 밤 책상 앞에 앉았다. 나의 마음과 나의 수업과 내가 만난 아이들을 고백하듯 떠오르는 대로 두서없이 마구 써댔다. 술술 풀리는 날보다 끙끙 앓는 날이 더 많았다. 하지만 그 일 년은 어린 시절 신부님 앞에서 고해성사했을 때처럼 홀가분하고 후련한 시간이었다. 책상 앞에서 아침 해를 맞이한 날이 얼마나 많았던가. 낮에는 수업, 밤에는 글쓰기로 하루하루 얼마나 고되었던가. 가슴 벅찬 희열로 가슴은 또 얼마나 충만했던가. 하지만 그 글이 첫술에 배부를 리 없다는 것쯤은 알고 있었다. 아무리 대단한 유명 작가라 해도 첫 책이 일사천리로 책이 되어 나온 경우는 극히 드물다. 한 권의 책은 수백, 수천, 수만 번의 거절과 좌절과 부릅뜬 눈과 주먹 쥔 손에 의한 상처의 결실이다.

나는 역시 초보였다. 초보라는 시기는 결코 피해 갈 수 없는 통과제의다. 현실만큼 냉정한 것이 없고 경험만큼 쓰라린 것은 없다. 에세이로 완성한 글을 들고 주변에 아는 출판사 대표와 편집자, 출간 경험이 있는 선생님들을 찾아뵈었다. 그분들 눈에 내 글은 "흐음."과 '긁적긁적' 그 사이였다. 다들 말을 아끼면서 고개만 끄덕였다. 순서와 내용과 문장을 다시 한 번 다듬어보라는 말은 최고의 상찬이었다. 실망했지만, 실망하지 않았다. 다시 책상 앞에 앉아서 밤을 새고 글을 만졌다. "좋네!" "잘 썼네!"라는 말을 한 번도 듣지 못했다는 사실에 나는 움츠러들었고, 그 이상으로 절박해졌다. 고치고 고치고 고치고 고치기를 수백 번쯤 한 끝에 오랜 세월 출판과 저술을 하셨다는 편집자를 소개받았다. 친절한 분이었다. 이번에도 역시 "좋네!" "잘 썼네!"라는 말은 듣지 못했다. 다만 그분의 조언은 좀 더 구체적이었다.

"이 글, 오래 걸려 쓰신 거지요?"

"예. 일 년쯤 걸렸는데, 최근에 다시 다듬었어요."

"그런 거로 보입니다. 글마다 감정선이 달라요. 책으로 내는 글은 짧은 기간에 몰아서 써야 감정이 평평해져요."

"사례도 애매합니다. 재밌을 만하면 끝나거나 어떤 거는 결론이 없어요. 그러면 사례를 쓸 이유가 없지요."

"이 글이 책이 될 수는 있을까요?"

"시사점도 있고 문장도 좋아요. 그러나 한 번 더 생각해보시는 게 좋겠습니다."

실망했지만, 또 실망하지 않았다. 다만 처음의 여유와 설렘은 희미해졌다. 뭐가 문제일까, 어떻게 고칠까. 초조와 불안과 걱정의 나날 속에서 나는 점점 자신을 잃고 혼란에 빠졌다. 내 글이 책이 되지 않으면 삶 자체가 의미 없다는 생각으로 슬픔에 젖기도 했다. 갑자기 그렇게 절박해진 이유와 내가 책을 낸다는 것의 의미와 가치를 생각하면서 갸우뚱갸우뚱 고개 젓는 나날이 계속되었다. 희한하게도 글을 쓰는 마음과 수업에 임하는 마음은 더 진지해졌다.

내 글을 품평해 줄 사람을 찾아 다시 길을 떠났다. 그렇게 책을 내고 싶으면 자비 출판을 고려해보라는 말은 차라리 격려였지 싶다. 노골적으로 천만 원을 요구하는 이도 있었고, 글의 품평비로 몇십만 원을 챙겨놓고는 의견 주는 날짜를 어기거나 출판사를 연결해 준다는 말을 꿀떡 삼켜버리는 이도 있었다. 몇 개의 샘플 원고를 읽고 일단 계약부터 하자는 데도 있었고, 에세이가 아니라 글쓰기 지도론으로 바꿔보라 해서 고쳐서 들고 갔더니 워크북도 만들어봐라, 낱권 교재로 만들어봐라 하며 수정과 보완을 끊임없이 요구하는 곳도 있었다. 이리저리 휘둘리면서 고치라고 하는 대로 다 다시 고쳤다. 그 무렵은 내가 왜 책을 내려 하는지도 기억나지 않을 때였다. 글쓰기 지도론으로 바꾸는 것은 어려울 게 없었다. 커리큘럼과 교재를 만들어본 사람으로서 나만의 노하우는 넘치도록 풍성했다. 그런데 왜? 쓰고 싶은 글이 정말 그런 거였어? 하는 의심은 나를 괴롭혔다.

"낱권 교재로 만들어서 학원이나 공부방에 배포하고 동영상 강의를 해보자고요."

"자비 출판이 부담이라면 제작비 일부만 댈 수도 있어요. 그렇게 진행하는 출판사들 제법 많아요."

"요즘은 작가들 책도 안 팔리는 시대예요. 당신은 인플루언서가 아니잖아요. 에세이 써서 팔리겠어요?"

"정히 그렇게 책을 내고 싶다면 독립 출판도 방법이에요."

모든 말이 사기를 꺾었다. 이대로 포기해야 하나 고민하고 있을 때 내 상황을 누구보다 잘 아는 미학 선생님을 만나러 갔다. "내가 아는 편집자에게 당신의 글을 보내볼게요. 출판에 진정성이 있는 사람이니 의견 한번 들어봅시다." 사태의 전환이었다. 미학 선생님인 그녀와 그녀가 소개한 편집자를 처음 만난 날 그동안 간절히 듣고 싶었던 말을 처음으로 듣게 되었다.

"첫 책은 작가의 상징이자 정체성이에요. 어차피 책이 안 팔리는 시대라면 쓰고 싶은 글 그냥 쓰세요."

책이 되는 글을 쓰기 시작한 지 3년째 접어든 시점. 다시 돌아왔다. 에세이로 출발한 내 글이 교육도서로 갔다가 교재가 될 뻔한 과정을 거쳐서 다시 에세이로. 다시 또 책상 앞에서 밤을 새는 나날이 시작되었다. 잠깐 낮잠을 자는 사이 누가 백 년 묵은 산삼이라도 먹였던 걸까. 피곤한 줄 모르고 사기충천해서 온 마음을 글에 바쳤다. 그러는 동안 희한한 일을 또 한 번 겪었다. 아이들이 더더욱 귀하고 어여뻐졌고, 수업이 한없이 즐거워졌다. 나는 엄마들과 아이들에게 인기 만점 선생님으로 거듭나고 있었다. 그동안의 과정은 어쩌면 그렇게 되기 위한 수련과 재점검과 각성의 시간이었나 보다. 먼 길을 돌아온 듯하지만, 헛되지 않은 모험이었다.

내 안에는 이제 '예명'이라는 무명인의 자아와 '이명'이라는 무명 작가의 자아가 동시에 있다. 그동안의 과정은 '왜 글을 쓰는가?'에 대해서 답을 찾는 시간이었다. 오랜 세월 나는 삶의 본질을 찾아 헤맨 것 같다. 가벼운 유행, 흩어지는 관계, 복잡한 세상에서 삶을 지탱하는 어떤 변치 않는 원리 같은 것을 말이다. 지나고 보니 그것은 '진정성'이었다. 젠체, 있는 체, 아는 체하는 허위와 가식을 벗어나는 것. 나 자신에 대한 믿음을 잃지 않는 것. 마음의 신호를 외면하지 않고 그것의 진위를 헤아려보는 것. 그러다 보면 언젠가 이심전심 할 수 있는 누군가를 만난다. 나에게 그것은 '내 안의 언어'였다. 어느 날 그것이 말을 걸어 왔을 때 제대로 한번 화답하고 싶었다. '예명'은 이명'을 진실하게 대했다. 그러자 이번에는 나를 둘러싼 세계가 나에게 화답했다. 수업을 통해 활력과 희망을 새로 얻었고, 내 마음과 글을 알아봐준 사람을 만나 삶의 기쁨과 본질을 재발견했다. '예명'에서 '이명'으로의 이동, 그것은 진화에 해당하는 특별한 사건이었다. 죽기 전에 한번쯤 나 자신을 제대로 사랑하고 싶은 마음이 아니었다면 있을 수 없는 변화였고, 진정성 있는 태도가 무엇인지 질문하지 않았다면 들을 수 없는 대답이었다. 무명 작가의 길, 외로울 수 있다. 그러나 세상의 진화는 무명의 작은 힘이 언제나 씨앗이었다. 내 삶은 이제 진화의 길을 걷는 중이다.

본다는 것

그것은 자식을 위하는 것이라기보다는
부모의 감정 토로에 가깝다.

쓰기를 가르치며 인생을 배웠습니다

비숍, 길을 찾다

'비숍'이라고 부르는 청년이 있다. 비숍은 체스 기물의 한 종류로 대각선으로만 이동한다는 특징이 있다. 지인의 아들인 그 아이는 체스 신동이었다. 아이들 있는 집에 가면 나는 주로 끝말잇기, 연상낱말 같은 말놀이를 하거나 책읽기를 하면서 놀아준다. 비숍은 그보다는 얘기하는 걸 좋아했다. 뒤돌아서면 잊고 말 소소한 내용들을 재잘재잘 잘도 말했다.

처음 만났을 때가 아마 초등 3학년 때였을 것이다. 그때만 해도 축구를 좋아하는 평범한 소년이었다. 하지만 엄마는 다른 아이들이 피아노나 태권도, 바둑, 미술 등 다양한 걸 배울 때 축구하느라 학교 운동장에서 살다시피 하는 아들을 걱정스러워 했다. 엄마는 아이를 체스 교습소에 데리고 갔다. 두뇌 발달도 하고 공부 자세도 잡고 특별한 종목으로 취미생활도 하고. 적응만 한다면 축구보다 나을 거라는 생각이었다. 다닌 지 얼마 안 돼 아이는 특기자 전형으로 대학 진학이 가능할 만큼 체스에 천부적인 재능이 있다는 말을 듣게 되었다. 기쁜 마음으로 올림픽 선수 출신 선생님에게 특별 레슨을 받기로 했다. 실력이 쑥쑥 일취월장하더니 이런저런 대회를 거쳐 중등 1학년이던 2010년, 광저우 아시안게임 국가대표 선수로 발탁되었다.

결과는 메달 순위 밖이었다. 비숍은 물론 온 가족이 충격에 빠졌다. 선수복은 물론 항공 및 체류 비용 일체가 자가부담이었다. 기회는 앞으로 4년 후 고등학생이 되었을 때다. 그만둘 것이냐 계속할 것이냐 선택해야만 했다. 결과는 상담할 수 없다. 잘못하면 대학도 못 가고 시간과 비용만 날릴 수 있다. 비숍의 집은 형편이 그리 넉넉치 않다. 무리라고 판단했다. 부모는 체스를 접기로 했다.

비숍의 마음은 어땠을까? 학교에 적응하지 못했다는 것에 답이 있을 것이다. 또래들과 어울리지 못했고 공부도 등한시했다. 밤샘 게임에 빠져들면서 학교는 잠자는 곳이 되어 버렸다. 청소년기 부모자식 간 불화의 대부분은 성적에서 비롯된다. 고등학교를 졸업하면 대학 진학이 당연시되는 환경에서 입시에 실패하면 그다음 선택지는 없다시피하다. 기술을 배우는 데 거부감이 크고 배우려는 마음을 먹는 데도 시간이 꽤나 걸린다. 기회의 가능성 측면에서 학교 성적은 그야말로 보편타당한 방법이 아닐 수 없다. 상황이 이럴진대 아이는 게임에만 열중하고 문제아 취급을 받고 있으니 부모 속은 까맣게 타들어갔다. 부모는 아이를 몰아붙였다. 왜 그렇게 공부를 안 하느냐. 어쩌려고 그러느냐. 아이 마음은 싸늘해졌다. 부모 자식 사이는 어느새 타인보다 더 멀어지고 말았다.

고등 3학년이 되자 비숍은 자퇴를 원했다. 멀리서도 엄마의 한숨 소리가 들려왔다. SOS를 받고 엄마를 만나러 갔다. 몹시 지쳐 보였다. 아이에 대한 화. 그래도 포기할 수 없는 기대. 뭘 어찌해야 할지 모르겠다 싶은 낙담. 엄마는 아이 속을 모르겠다고 했다. 그러나 비숍은 이렇게 말했다.

"저도 제가 걱정돼요. 저야말로 엄마 아빠보다 더 불안하고 암담하다고요."

맞는 말이다. 부모는 아이를 걱정한다지만 그것은 자식을 위하는 것이라기보다는 부모의 감정 토로에 가깝다. 가장 많이 상처받고 힘든 사람은 부모가 아니라 길을 잃은 아이 자신이다. 아이와 싸울 게 아니라 품어야 한다. 길을 잃고 헤매는

데 마음까지 잃는다면 갈 곳도 할 것도 막막해진다. 비숍이 체스 신동이었다는 건 머리가 좋다는 뜻이리라. 갈 길을 볼 수만 있다면 그게 무어든 적응이 빠를 것이다.

비숍은 고등학교를 졸업하기로 했다. 예상대로 대학에 실패했고 몇 달 후 지방으로 내려가 버렸다. 방앗간을 운영하는 조부 밑에서 일이라도 배우려는 심산이었다.

한동안 비숍을 만나지 못했다. 다시 만난 건 그로부터 일 년 후 군입대를 앞두고였다.

"이모, 저 휴가 나오면 이모 만나러 와도 돼요? 그땐 저랑 술 한잔해요."

오랜만에 다시 만난 비숍은 밝아 보였다. 하는 일이 재밌다고 했다.

"와, 술 먹을 술 아는구나. 우리 이젠 술친구 되는 거야?"

"히히, 저 술 쎄요. 각오 단단히 하셔야 해요."

휴가 나올 때 두어 번, 제대하고 한두 번. 비숍은 간간이 소식을 전했다. '아빠한텐 비밀인데요…', '이모만 아셔야 해요.'라면서 속닥속닥 연애 상담을 해오거나 새로운 꿈을 얘기하며 속마음을 보여주었다. 조부의 방앗간은 참기름 들기름 도매업이라 한다. 거기서 그동안 기름 짜는 공정과 유통, 관리, 경리 업무를 배웠던 모양이다. 적성에 맞았다고 한다. 조부의 평생 업을 이어보자는 포부를 갖게 되었다. 첫 번째 계획은 전 과정을 스스로 할 수 있을 때까지 배우는 것이다. 그러고 나면 야간 대학에 진학해 경영 공부를 하는 것이다.

"저축도 하고 있어요. 가능할 것 같아요."

"와, 멋지다. 잘하면 삼십 대 사장님이 탄생하겠네."

환한 웃음으로 떠난 지 일 년 후인 얼마 전, 비숍에게 다시 연락이 왔다. 보고 싶다기에 토요일 저녁 9시로 약속을 잡았다. 하지만 10시 가까이 되어서야 겨우 만났다.

"일 끝나자마자 출발하려고 했는데 뒷마무리가 늦었어요. 기다리게 해서 죄송해요, 이모."

빨간색 차 문을 열고 나와 비숍이 말했다. 그동안 모은 돈으로 일시불로 산 중고차라고 했다. 빨리 보여주고 싶어서 5시간 논스톱으로 달렸다고 한다.

"운전 좋아하는 건 알고 있는데, 심하게 무리했다. 그렇게 운전하다 큰일나."

"헤헤. 저 운전 잘해요. 아빠도 인정한 실력인걸요."

학교를 졸업한 후 비숍의 변화는 계속되었다. 체스를 그만뒀을 때와는 내용이 매번 달랐다. 식당에 자리를 잡고 식사 겸 술 한잔을 하면서 비숍은 또 다른 면모를 보여주었다.

"이모, 저 책 읽고 싶어요. 글도 쓰고 싶고요. 이모가 좀 도와주세요."

"그거야 어렵지 않지. 그런데 왜? 어떻게 그런 생각을 했어?"

"사회생활 하다 보니 어떻게 사는 게 좋을지 느낌이 오더라고요. 할아버지 하는 일이 보기에는 허름해도 규모가 크거든요. 그런데 일하는 사람들이나 운영 방식이 주먹구구예요. 체계를 잡아보고 싶어요. 아직 야간 대학은 못 갈 것 같고, 대학 들어간 친구들 만나면 좀 위축이 돼요. 책을 읽자, 그런 생각이 들었어요. 그런데 무슨 책을 읽어야 하는지 또 어떤 목표로 읽어야 하는지 통 모르겠더라고요."

또래보다 경제적 독립이 빠른 것만도 기특한 일이다. 대학을 졸업하고도 부모에게 기대어 사는 젊은이가 얼마나 많던가. 티끌 모아 태산이라 했다. 돈뿐만이 아니라 꿈을 향한 모든 걸음이 태산을 쌓는 티끌이 된다. 이제 비숍은 '책'과 '글'이라는 티끌도 모으려 한다. 졸업한 지 4년 만에 눈부시게 성장하더니 어느새 그는 속 깊은 어른이 되어 있었다. 계단을 밟듯 단계 단계 소폭의 걸음이 안전한 줄 알았다. 대각선 행보를 일삼는 비숍에게 늘 마음 졸였다. 생각이 짧았다. 머리가 좋아도 성적은 나쁠 수 있다. 진짜 머리가 좋으면 자기만의 길에서 자기만의 꿈을 만들 줄 안다. 비숍이 가로질러 간

길은 꿈을 향한 도약이었다. 보폭과 방향이 다른 사람과 좀 달랐을 뿐이다.

올 때처럼 비숍은 일시불로 산 빨간색 중고차를 몰고 일터로 갔다. 떠나는 뒷모습을 배웅하면서 나는 다음번에 할 말을 가슴에 새겼다.
"비숍, 문학작품부터 시작하자. 『노인과 바다』 추천할게."

일 때문에 책에 소홀해질 때 아쉬워하는
친구 모습은 나를 즐겁게 했다.

쓰기를 가르치며 인생을 배웠습니다

절실해야 읽는다

답을 하자니 허무하고 안 하자니 미안한 질문을 자주 받는다. 좋은 책 좀 소개해 달라는 거다. 사람마다 책에 대한 기호나 읽기 수준이 달라서 조심스럽다. 답을 준들 나의 레시피가 유용하게 쓰인다는 보장도 없다. 고심 고심하면서 맞춤 도서 목록을 만들어줘도 시작도 안 한 채 서랍 속에 방치하거나 한두 번 읽다가 포기하는 경우가 대부분이다. 머리는 머리대로 쓰면서 시간을 하릴없이 날린 것 같은 씁쓸함은 오로지 나의 몫이다.

사실 책은 읽는 사람보다 안 읽는 사람이 더 많다. 문화체육관광부가 매년 실시하는 국민 독서 실태조사 결과만 봐도 알게 되는 사실이다. 2019년 결과로는 만 19세 이상 성인 6천 명의 연간 종이책 평균 독서량이 6.1권이었다. 2018년보다 2.2권, 2017년보다는 3.0권 감소했다. 독서하기 힘든 이유 1위는 '책 이외의 다른 콘텐츠 이용(29.1%)'이었다. 그다음 이유가 '시간이 없어서', '습관이 안 들어서'였다.

독서 습관은 직업상 읽는 책을 제외하면 학력도 소용없고 경제력과도 무관하다. 나의 경험상 책과 멀어진 이유는 습관의 문제가 가장 컸다. 책에 시간을 쓸 수 없는 사람은 분명히 있다. 그러나 읽으려는 마음만 있다면 시간은 얼마든지 낸다. 아무리 바빠도 한가한 틈이라는 게 있고, 오가는 지하철과 버스 안, 잠자기 전 30분 그런 식으로 자투리 시간이란 것도 있는 법이다. 다시 말해 읽기는 필요성을 얼마나 실감하느냐, 거기에 달린 일이다.

내 오랜 친구 중 살아있는 독서 모델이 있다. 어느 날 이 친구가 책 추천을 부탁한 것이 시작이었다. 의외였다. 책을 읽느니 차라리 쉬는 게 나을 정도로 일이 많은 사람이었다. 이야기 도중에 그즈음 친구 상황이 힘들다는 것을 알게 되었다. 설상가상 부부 사이도 갈등 상태였다. 친구는 어려워진 사업보다 부부 갈등이 더 힘든 듯했다. 억울하다고 했다. 열심히 살아왔고 아내에게도 성실했는데, 아내가 너무 까탈스럽다고 했다. 이해할 수 없다고, 그러는 이유를 도무지 알 수 없다고 하소연했다. 그 와중에 왜 책을? 아내가 책을 많이 읽은 사람이란다. 대화할 때마다 자기를 말귀 못 알아듣는 사람 취급을 하며 화를 낸다고 했다. 문득 톨스토이의 『안나 카레리나』가 떠올랐다. 이 책은 자칫하면 남편 있는 여자가 다른 남자를 사랑하다 파국을 맞는 연애 소설로 읽을 수 있다. 제대로 읽으려면 이면에 있는 19세기 러시아 상류층의 고정관념과 삶에 대한 가치관을 발견해야 한다. 완독할 수만 있다면 사랑과 결혼, 가족의 윤리, 올바른 삶에 대한 성찰이 가능해진다. 총 1644페이지, 3권짜리 판본을 친구에게 권했다. 안 읽어도 그만이라는 가벼운 마음이었다. 믿는 구석이 없지 않았다. 성실하고 똑똑한 친구였다. 마음을 먹으면 미루는 법이 없었다. 시간이 걸릴 뿐 그는 읽을 것이다.

두어 달이 지나서 친구를 다시 만났다. 책을 읽었으니 함께 소감을 나누자는 정중한 초대였다. 친구는 늘 말했다. 자기는 사람에 대한 이해가 부족하다고. 그러나 이제 알 것 같다고. 안나 카레리나, 그녀가 왜 남편이 아닌 남자에게 마음을 주고 자살했는지, 남편은 어떤 마음으로 아내를 용서했는지 공감했다고. 친구는 관료 특유의 고리타분과 허위의식으로 똘똘 뭉친 남편이 안나 입장에서 얼마나 답답했을지를 이해하면서 사랑이란 내가 해주고 싶은 게 아니라 상대가 원하는 걸 주는 것임을 깨달았다고 했다. 그러면서 말했다.

"책을 계속 읽고 싶어."

책은 맥락에 따라 읽는 게 좋다. 읽고 있는 책에서 연상되거나 지식을 확장하는 다른 책으로. 이번에는 알랭 드 보통의 『우리는 사랑일까』를 추천했다. 다 읽을 때마다 친구와 독서모임을 했다. 친구가 독후감을 말하면 내 의견을 말했고, 거기서 나온 주제로 토론을 한 다음 또 다른 책을 추천했다. 친구는 짬짬이 서점에 갔다. 읽고 싶은 책은 사기도 했다. 과학과 역사물이 주로 많았다. 『진화심리학』은 소설에서 깨달은 사람의 심리를 과학적으로 이해하고 싶어서 산 책인 듯했다.

일 때문에 책에 소홀해질 때 아쉬워하는 친구 모습은 나를 즐겁게 했다. 읽는 속도가 빨라지는 모습에서는 머리가 복잡해졌다. '다음엔 뭐 읽을까?'라는 질문에 '뭐가 좋을까?'를 준비해야 했기 때문이다.

"너 도서관 회원증 있어?"

어느 날 내가 물었다.

"아니."

"니네 동네 가까운 도서관은 알고?"

"모르겠는데."

친구에게 도서관 앱을 알려주었다.

"일단은 도서관에 가서 회원증을 만들어. 책을 마냥 사기만 할 순 없잖아. 빌릴 건 빌리고 두고두고 읽을 책은 사는 게 어때?"

친구는 앱을 깔고 그 당장에 도서관 회원증을 만들어 책을 빌렸다. 상호대차를 알고부터는 더 많이 빌렸다. 더 이상 내 추천에만 의지하지 않고 읽고 싶은 책을 찾아 관심사도 넓혔다. 독서 모임은 예전보다 뜸해졌다. 친구는 말이 줄었다. 혼자만의 감상을 즐겼고, 책에서 생긴 질문을 다른 책을 통해 답을 찾았다.

"요즘은 책 읽을 때가 제일 좋구먼."

책은 친구를 바꿔놓았다. 여전한 곤경에도 여유를 잃지 않았다. 사람 마음을 모르겠다더니 나름의 안목과 의견도 갖게 되었다. 나의 도움을 원하면서도 '너 그 책 알아?', '이런 책을 읽었는데 이러이러한 점이 참 좋더라.' 먼저 말하기도 한다.

친구는 나도 바꿔놓았다. 책을 통해 성장하고 지혜롭고 싶다면 자신의 결핍을 먼저 인식해야 한다는 것. 내면의 절실함이야말로 책을 읽는 가장 강력한 동기라는 것을 제대로 실감했다. 책은 이렇게 힘이 쎄다. 그 힘은 책 한 권을 끝까지 읽을 때 비로소 작동한다. 그 한 권은 또 다른 책으로 안내하고,

말하고 싶고 쓰고 싶게 만든다. 단계 단계 따라가다가 어느 날 뒤돌아보면 그것을 통해 이만큼 자라나 있는 자기 자신을 만나게 된다. 나는 이것을 '언어가 언어를 부르는 현상'이라 부른다. 하고자 하는 개인의 동기만큼 성과를 내는 캠페인은 없다. 친구에게 글쓰기를 권유했다.

"나한테 할 말을 글로 쓰면 돼."

친구가 툭, 근황을 전했다.

"나 브런치 작가 신청했어. 근데 떨어졌어. 붙을 때까지 계속 신청할 거야."

책이 뭘까? 거울이다, 나를 비추는. 거울은 비난하지 않는다. 평가도 안 한다. 책 속에서 만나는 사람이 당신 자신이고 책 속의 사건이 당신의 현실이라는 것을 조용히 비출 뿐이다. 거울을 받을지 외면할지는 당신의 선택, 당신 마음이다.

책은 스토리가 잡히기 전까지는
빠져들기 힘들다. 빠져들려면
머리를 써야 한다.

좋아하거나 필요하거나

"어우, 쌤, 오글거려서 미치겠어요."

"응? 뭐가?"

"제가 쓴 글에 제가 오글거려서 미치겠다고요."

수업이 시작되자마자 중등 1학년 여학생이 호들갑을 떨었다. '제가 쓴 글'이라는 말이 반가워 물어보았더니 웹 소설을 썼다고 한다. 함께한 지 3년째. 어려서는 책 읽는 것도 좋아하고 작가가 꿈이었다는데, 처음 만났을 때 아이는 그 모든 것에 의욕이 없었다. 5학년 때부터는 주로 혼자서 휴대전화로 SNS 놀이에 빠져 지냈다. '틱톡'과 '인스타그램'을 거쳐 이번에는 '채티'라는 채널이었다.

수업도 수업이지만, 여학생들의 휴대전화 놀이가 궁금해서 자세히 듣고 싶었다.

"쌤, 저도 작가예요. '채티'에 글 쓰면 다 작가거든요."

"와, 멋진데. 그래서 우리 작가님, 무슨 글을 쓰셨을까?"

"비엘(Boy's Love 남자 동성애)에 관한 거예요."

그때까지 나는 'BL'이라는 말을 들어보지 못했다. '브런치 작가'는 알아도 '채티 작가'는 알지 못했다.

"음, 그럼 지엘(Girl's Love 여자 동성애)도 있겠네?"

"어우, 드러워요! 그런 건 애들이 싫어해요. 인기 없어요."

그날 아이로부터 웹 소설에 관한 얘기를 많이 들었다. 여학생들은 로맨틱 판타지를 좋아한다는 것, 내용 대부분은 '비엘' 이야기고 남자 주인공은 반드시 미소년이어야 한다는 것, 웹 소설을 좋아하는 아이는 웹툰도 좋아한다는 것, 아이들은 웹 소설을 읽기만 하는 게 아니라 쓰기도 한다는 것 등.

"근데 말이야, 글을 쓰면서 오글거린다는 건 그만큼 감정이입을 한다는 거거든. 그게 바로 몰입이야. 집중력! 오글거릴수록 네 글이 재밌어질 걸."

"아, 정말요?"

그날 아이는 웹 소설을 이야기하며 나와 통한다고 느꼈던 것 같다. 아이는 수업 때마다 창작의 고민을 털어놓았다. 들어주었다. 스토리 전개나 캐릭터 설정을 질문하면 적극적으로 의견을 말했고 글이 막힌다고 하면 힌트를 줬다. 그 또래의 '비엘'과 '지엘'에 관한 편견이 걱정스러웠고, 내용이 무엇이건 간에 아이가 자발적으로 글을 쓴다는 것에 고무되었으며, 웹 소설을 통해 글쓰기 방법을 지도할 수 있겠다는 기대도 없지 않았다. 아이는 '작가'로서 맞춤법과 띄어쓰기를 부쩍 챙겼고, 웹에서의 표현과 일반적인 글에서의 표현을 구분해야 한다는 말을 주의 깊게 들었다.

"비엘 이야기랑 지엘 이야기가 섞이면 안 된다며? 그거랑 똑같아. 학교에 제출하는 글이랑 웹에서 쓰는 글이랑 소재나 단어, 표현이 같으면 되겠어? 로맨틱 러브에 축약어와 은어로 웹 소설을 쓰듯이 일반적인 글에서는 표준어와 맞춤법을 시키고 소재도 일상적이거나 사회적인 게 좋아."

아이는 금세 알아들었다. 한동안 수업은 아이가 올린 웹 소설의 내용과 조회 수, 답글 내용으로 시작되었다. 조회 수가 많은 글은 보여주기도 했다. 아이의 소설은 수업 때 쓴 글보다 훨씬 길었다. 캐릭터가 선명했고 심리 묘사도 그럴듯했다. 대화글도 실감이 났다. 칭찬이 아이를 춤추게 했던가. 독서토론용 책조차 읽지 않던 아이가 도서관에서 책을 빌려오기 시작했다. 대부분이 웹 소설 작법서라 그러려니 했는데,

어느 날 책상 위에 국내 현대 소설과 1940년대 후반에 쓰인 일본 소설이 놓여 있었다. 난감했다. 국내 소설은 국내 최초의 퀴어 소설로 화제가 되었던 작품이었고, 일본 소설은 우울하고 퇴폐적인 데다 자기 파괴 행위로 유명한 작가의 작품이었다. SNS에서 알게 되었다는데, 일본 소설은 작가 이름이 멋있어서 미남일 것 같아 빌려왔다고 한다.

"웬만하면 이 소설은 성인 돼서 읽으면 좋겠다. 너무 심하게 건너뛰면 정신 건강에 해로우니까."

아이는 선선히 수락했다. 책날개에 있는 소개가 그다지 흥미롭지는 않았던 것 같다. 국내 소설은 '오글거려 미칠 것 같은' 기분으로 재밌게 읽는 듯했다. 아이가 읽었으면 싶은 책도 많고 청소년 소설 중에도 좋은 작품이 많이 있지만, 이왕이면 수업에서 아이가 읽는 책을 다루고 싶었다. 글쓰기보다는 함께 감상을 나눌 생각이었다. 느낌이 어땠는지, 웹 소설과는 어떻게 다른지, 거북한 내용은 없었는지 여러 가지가 궁금했고, 이참에 나도 그 또래 문화에 들어가 보고 싶었다.

일주일 후. 아이는 말로 하기는 부끄럽다며 글쓰기를 원했다. 쓰는 게 싫어서 글씨가 날아가고 말로 하면 안 되냐더니 글을 쓴다고? 놀라운 변화였다. 동의했다. 아무리 가까워도 아이의 속마음은 다 알기 어렵다. 그날 아이 글은 감동이었다. 오글거린다더니 감상에 빠지기는커녕 사리판단이 분명했다.

(…) 아빠 차를 타고 가면서 이 책을 읽었는데, 초반부터 성적인 단어가 대놓고 나와서 황급히 책을 덮었다. 사실 나는 이런 다크한 분위기나 장르를 좋아하지 않지만, 이 책은 정말 흥미로웠다. 첫 번째 단편에 나오는 두 주인공은 공통점이 있는데, 연애를 너무 쉽게 생각한다는 점이다. 만났다가 금방 버리고 헤어지면서 상대방을 성관계 용도로만 이용했다. 나는 그게 너무 의미 없어 보이고 안타까웠다. 진정한 사랑을 만나려고 노력하지 않는 게 정말 답답했고, 헤어질 때마다 슬퍼하면서도 티를 안 내려고 하는 게 불쌍하고 슬펐다. 상처는 그렇게 사람을 망가뜨리나 보다. (…) 나중에 그 여주인공은 결혼하는데, 그저 '돈' 때문에 하는 것 같아서 마음이 아팠다. (…)

책은 스토리가 잡히기 전까지는 빠져들기 힘들다. 빠져들려면 머리를 써야 한다. 문학작품이라면 주인공의 상황, 무대 배경, 내용 예측 정도는 하면서 봐야 재미가 붙는다. 비문학 책들은 개념어를 이해해야 하고, 번역물이라면 우리 글과는 다른 문장의 흐름과 호흡, 표현에 신경 써야 한다. 영상 매체에 익숙한 요즘 아이들에게 책 읽기는 어려울 수 있다. 나의 궁금증은 다른 데 있다. 책 안 읽는 걸 왜 그렇게 문제시할까? 책이 아무리 좋다 해도 강권할 수는 없다. 책 좀 읽으라는 말의 반복은 아이들을 오히려 책과 멀어지게 한다. 책에 대한 우리의 태도는 지나치게 엄숙하거나 경직돼 있다. '책' 하면 흔히 문학, 예술, 역사나 철학, 과학 도서 같은 인문서를 떠올리는데, 도서 분류상 책의 종류는 굉장히 다양하다. 인문서 말고도 추리물, 스릴러, 판타지, 공상 과학, 그래픽 노블, 논픽션, 만화, 도감류나 화보 등 문자 매체로서의 책은 내용과 형식이 각양각색이다. 그 안에 자기에게 유익과 즐거움을 주는 책이 왜 없겠는가. 없다고 한다면 아직 발견하기 전일 테고, 있는데 안 읽는다면 꾸준히 읽을 만한 동력이 없는 걸 테다.

은연중 책의 수준을 가늠하는 엄숙주의는 아이들의 읽기 의욕을 떨어뜨리는 하나의 요인이다. 인문서는 유익하고 고상한 책, 그게 아니면 수준 낮은 책이라는 구분 말이다. 게임 소설, 팬픽, 웹 소설과 만화책을 주로 읽는 사람에 대한 편견이 과연 없다고 할 수 있을까? 책 안 읽는 아이를 타박하는 엄마들의 속마음도 마찬가지다. 대부분은 아이가 책을 안 읽는 게 아니라 엄마가 원하는 책을 안 읽는 경우다. 아이가 읽고 싶은 책은 만화책이나 유행 도서, 내용이 짧은 건데, 엄마가 원하는 책은 '옆집 애가 읽는 책'이다. 또는 아이들 눈높이에 맞지 않는 권장도서이거나 비싼 값을 치르고 산 전집류이거나. 엄마 뜻대로 사놓은 일률적 디자인의 그런 책들은 아이한테는 장식이거나 벽지에 불과하다. 흥미를 끌지 못하는 책더미는 책을 두 갈래로 나눈다. 좋은 책은 지루하고 재미없는 책, 재밌는 책은 읽으면 혼나는 책.

읽는 인간은 읽는 즐거움이 만든다. 읽는 즐거움은 필요한 책을 찾아 떠나게 하는 노잣돈이다. 웹 소설에 빠졌던 중등 1학년 소녀는 나와 함께 웹 소설을 이야기하고 관련 소설을 읽으면서부터 책에 맛을 들였다. 방학 때는 온라인 서점에서 읽을 책을 함께 찾기도 했다. 새삼 놀랐다. 국내 청소년 도서 상당량이 그 또래의 흥미를 충족하는 내용이었다. 『독고솜에게 반하면』이나 『우아한 거짓말』, 『페인트』 같은 소설뿐 아니라 『왜요, 그 말이 어때서요?』, 『변기에 빠진 세계사』, 『아슬아슬한 연애 인문학』 같은 비문학들도 청소년이 좋아하거나 필요한 내용을 담고 있었다. 나 역시 어려서 탐정 소설과 만화책을 읽는 즐거움에서 읽는 습관이 붙었고, 자연스레 필요한 책을 찾아가는 방식으로 읽기가 확장되었다. 책은 좋아하는 것으로 시작해야 필요한 걸 찾게 되고, 필요한 것에서 가치에 눈을 뜨면 깊이 있는 것으로 나아간다. 아이들을 타박하지 말

자. 짧은 책이라고, 다 안 읽고 덮어둔다고, 한쪽 분야만 읽는다고, 어른이 보는 책을 본다고 하는 말들, 아이가 듣는다면 권위에 순응하는 것이고 듣지 않는다면 책과 이별하는 수순이다.

과거로부터 책은 일부 계층의 사치품이자 기호품이었다. 독서의 대중화 시대는 없었다고 해도 과언이 아니다. 아이슬란드는 좀 다른 것 같기는 하다. 인구 32만 명 중 1권 이상 출간한 작가가 10% 가까이 되는 비결은 아마도 날씨에 있지 싶다. 아이슬란드는 국토의 79%가 빙하와 호수, 용암지대라 날씨가 춥고 어둠이 길다. 바깥에서 활동하는 시간이 짧고 실내에 머무는 시간은 길다. 설마 그 시간 내내 인터넷에만 접속했으려고. 아닐 것이다. 사람들은 이야기를 좋아한다. 책은 기본적으로 이야기다. 책 읽기는 가장 만만한 놀이였을 것이다. 중등 1학년 소녀도 그렇게 말했다. 웹 소설을 읽다 보면 쓰게 된다고. 아이슬란드 국민들도 많이 읽다 보니 쓰는 사람이 많아진 게 아닐까?

자유롭게, 편안하게, 한두 권씩 눈에 보이게. 아이들이 책 읽기를 바란다면 읽을 의무보다는 안 읽을 자유가 더 낫다.

책방이나 도서관에 자주 가면 얼마나 좋을까.
덜 상처받고 덜 피곤하고 돈도 별로 안 들면서
고요하고 평화롭고 즐거울 텐데.

쓰기를 가르치며 인생을 배웠습니다

특별하지 않은 날

나 역시 『모네의 정원에서』라는 책을 무척 좋아한다. 아이들도 다르지 않은지 내게 있는 책은 1994년 초판본인데, 아이들 책은 20쇄가 넘어 있었다. 책 수업 때 아이들과 인쇄 횟수를 대조해보는 일은 소소한 즐거움이다. 같은 책인데 누구 거는 15쇄, 누구 거는 22쇄인 걸 보면서 아이들은 십 몇 년 전부터 있었던 미지의 독자를 실감하고는 한다.

내가 『모네의 정원에서』를 좋아하는 이유는 아이와 어른이 친구라는 설정에 있다. 아이는 나이가 열한두 살쯤 되는 소녀이고 어른은 이웃집 할아버지다. 꽃을 사랑하는 소녀와 정원사였던 할아버지, 두 사람은 잘 통하는 친구 사이다. 소녀는 할아버지 집에서 프랑스 화가 모네에 관한 책을 즐겨 읽었다. 그러던 어느 날 모네의 수련 그림에 반하게 된다. 이를 계기로 두 사람은 프랑스로 모네 여행을 떠나게 된다. 우리나라 정서로는 꿈만 같은 일. 부러울 뿐이다. 우리 아이들에게도 그런 어른 친구가 있다면 얼마나 좋을까 하는 생각을 지울 수 없다.

사실도 아닌 이야기로 서양 찬가를 부를 생각은 없다. 조금만 생각해보면 우리도 아이와 어른이 친구가 되는 문화를 얼마든지 만들 수 있다. 가장 먼저 떠오르는 건 요즘 웬만하면 다 있는 '동네 책방'이다. 동네 책방을 운영하는 지인의 이야기에서 생각한 건데, 사연은 이렇다.

쿠키 2개 2000원. 오렌지 주스 1000원.

지인은 장부에 이렇게 적었다. 책방에 온 꼬마 손님이 책을 읽으며 먹은 간식이었다. 주인은 잠시 자리를 비웠고, 돌아와보니 손님은 가고 없었다. 카운터에는 간식 그릇이 놓여 있었고 손님이 앉았던 자리에는 입고 온 겉옷이 걸려 있었다. 지인은 꼬마 손님을 귀여워 했다. 그 마음을 느끼며 상상했다.

꼬마 손님 아마도 열 살 내외쯤? 책방은 단골인 것 같고.

책은 안 사고 읽다가 필사를 잠깐 하고 갔다 하니 자기가 산 책을 놓고 다니는지도. 간식 기록장은 아마도 외상 장부? 그렇다면 엄마가 장부 만들어 주고 마음껏 드나들게 해준 걸지도. 내 상상이 사실이라면 책방 주인과 꼬마 손님 사이에 우정 비슷한 감정이 생기는 것도 가능하지 않을까? 단골이라면 손님 취향은 눈치가 생긴다. 자, 주인은 손님에게 맞는 책을 들여놓는다. 어느 날 오면 그 책을 소개한다.

"새로운 책 들어왔는데 한번 볼래? 마음에 들 것 같은데."

"네, 보고 싶어요."

손님은 목차를 눈으로 훑어본 다음 첫 장을 연다. 한두 문단 읽는다. 그리고 말한다.

"와, 재밌어요. 저 이 책 살래요. 장부에 달아놔 주세요."

아닐 수도 있다. 그러면 이러겠지.

"음…. 저하고는 안 맞는 거 같아요. 다른 책 찾아볼게요."

"이런. 미안해서 어쩌지. 좋아할 줄 알았는데 실망을 줬네. 그래. 그럼 다른 책을 찾아보렴."

손님과 주인이 읽은 책에 관해 대화하는 날도 있을 것이다.

"블룸 할아버지는 정말 대단해요. 아무리 정원사였다 해도 어떻게 꽃 이름을 다 기억하죠? 저는 아무리 봐도 안 외워져요."

"오래 보다 보면 애정이 깊어진단다. 아줌마도 책방에 있는 책은 눈 감고도 찾을 수 있어."

"정말요? 책이 이렇게 많은데도요?"

"그럼. 여기 있는 책들은 누군가가 꼭 읽었으면 하는 마음으로 고른 거거든. 너에게 권하는 책도 그동안 네가 어떤 책을 읽는지 기억했다가 비슷한 걸 사오는 거야."

"아줌마도 참 대단하시네요. 저도요, 리네아랑 블룸 할아버지처럼 좋아하는 게 있는 곳으로 여행하고 싶어요."

"가능하지 않을까? 간다면 어디 가고 싶어?"

"책에서 봤는데요, 그리스에는 바다 위에 도서관이 있대요. 창 너머로 파란 바다 보면서 책 읽으면 정말 좋을 것 같아요"

"그거 진짜 멋진데. 우리 나중에 같이 갈까?"

"와, 좋아요."

상상하는 동안 내가 다 흥분이 되고 가슴이 설렜다. 나는 왜 이런 걸 상상하게 됐을까? 아쉬움 때문이다. 아이들은 특별한 일이 있어야 글을 쓴다고 생각한다. 바깥나들이는 놀이기구가 있는 공원이나 영화관, 쇼핑몰을 먼저 떠올리고, 초콜릿과 사탕을 주고받는 무슨 무슨 데이도 특별하게 챙긴다. 많이 받으면 우쭐해하고 적게 받으면 실망하면서도 데이 며칠 전부터 몇 명에게 줄지 몇 명에게 받을지를 손꼽아본다. 차라리 집 가까이에 웬만하면 다 있는 책방이나 도서관에 자주 가면 얼마나 좋을까. 덜 상처받고 덜 피곤하고 돈도 별로 안 들면서 고요하고 평화롭고 즐거울 텐데. 일상의 소소한 즐거움도 진하게 느낄 텐데.

예전에 엄마 표현으로 '지지리도 책을 안 읽는' 초등 4학년 아이와 동네 도서관에 간 적이 있다. 걸어서 10분이면 가는 덴데 한 번도 안 가봤다고 했다. 아이와 손잡고 "가서 책 안 읽어도 돼. 우리 그냥 구경이나 해보자." 하면서 갔다. 아이들 대여섯 명과 어른 한 명이 평일 낮 어린이열람실에서 책을 읽고 있었다. 조용해서 그랬는지 모두 다 책을 읽고 있어서 그랬는지 아이가 물었다. "선생님, 저도 책 가져와도 돼요?" "그럼. 서가에 스윽 다니면서 마음에 드는 제목 있으면 갖고 와봐." 아이는 책 다섯 권을 골라오더니 테이블에 앉아 책을 펼쳤다. 휴대전화 게임이 유일한 낙이었던 아이는 도서관에 있는 동안 옆에 놓은 휴대전화를 한 번도 열지 않았다. 대부분 한두 장만 읽다가 책을 덮었지만, 한 권만은 떠나올 때까지 손에서 놓지 않았다. 내 회원증으로 그 책을 빌려주었다. 집으로 갈 때 아이에게 물어보았다.

"오늘 어땠어?"

"이 시간에 도서관에 사람이 있는 거 보고 놀랐어요. 다음에 또 오고 싶어요. 사고 싶었는데 엄마가 안 사줘서 못 읽은 책도 있더라구요."

"네가 찾는 책은 도서관에 거의 다 있을 걸. 없는 책은 신청하면 돼. 엄마한테 회원증 만들자고 해봐. 한 사람당 7권, 식구 수대로 21권을 빌릴 수 있어."

"와, 짱이다!"

동네 도서관은 특별한 데가 아닐 수 있다. 동네 마트나 문방구와 다를 게 없다. 오히려 학교 앞 떡볶이집과 비슷할지도 모른다. 필요하면 언제든 뛰어가는 곳. 도서관은 그런 데다. 빌릴 책은 도서관에서, 살 책은 책방에서. 그러려면 아이들에게 한 가지는 꼭 있어야 한다. 용돈 재량권이다. 원하는 책 한두 권쯤 마음놓고 살 수 있어야 책방이 특별한 데가 아니게 된다. 학교, 학원, 온라인 공간이 아닌 바깥의 단골 수다방, 아이들이 가졌으면 하는 일상의 즐거움이다. 일상의 소소한 즐거움은 많을수록 좋다. 일상이 특별하면 피로만 는다.

독서와 글쓰기는 동음이의어나 마찬가지다.

좋아하는 작가는 누구인가요?

어린 시절 내 별명이 '책벌레'이긴 했으나 양적으로 얼마나 읽었는지는 알지 못한다. 그런 것에 나는 무관심했다. 그저 책 읽을 때가 편하고 좋아서 틈만 나면 다락방이나 방 귀퉁이에 앉아 책을 읽었다. 청소년기에는 밤이라도 샐 기세로 읽어 대는 바람에 아버지에게 강제 소등도 많이 당했다. 그런데도 나 자신은 물론 주변 어느 누구도 몇 권이나 읽었는지 궁금해 한 적이 없다. 독서량에 대한 인식은 독서 권장 캠페인이 전국적으로 진행되던 시절에 비로소 했다. 학교마다 내용은 조금씩 달랐지만, 한 학기 다독상이니 일 년에 백 권 다독왕이니 하면서 표창하는 걸 보고서야 '아, 사람들은 저런 게 중요하구나' 하고 깨달았던 것이다. 양적 비교가 자부심이나 동기 부여는 될 수 있겠지. 나는 상황을 그 정도로 이해하고 긍정하고 말았다.

아이들은 나와 달랐다. 읽으면 좋지 하는 정도였던 독서가 숙제나 강요가 된 상황이었고 그것은 또 하나의 경쟁이고 압박이었다. 책을 기준으로 아이들 간 위계도 분명해졌다. 꾸준히 읽는 아이, 가끔 읽는 아이, 멀리하는 아이, 싫어하는 아이, 그렇게. 사실 학교에서 아이들이 읽은 책을 꼼꼼하게 확인하기는 불가능하다. 그러려면 선생님이 독후 활동에 적극적이어야 한다. 그러기에는 학급당 인원이 너무나 많다. 교과 지도는 또 어쩔 것인가. 꼼수는 이럴 때 나온다. 다독상 타서 선생님과 엄마, 친구들에게 인정은 받고 싶고, 읽기는 싫고. 독서 기록은 서너 줄이면 되고. 안 읽고 기록해도 들통나긴 힘들고. 이쯤 되면 독서 권장 캠페인의 좋은 취지는 온데간데없이 사라지고 만다. 그래서였을 것이다. 다독 캠페인은 더 이상 하지 않는다. 의무였던 독서 기록도 자율화됐다.

엄마들에겐 걱정거리다. 수업 설명회를 할 때마다 독서 지도에 관한 질문을 많이 받는다. 내 수업을 '독서논술'이 아니라 '글쓰기 수업'이라 하는 게 걱정을 키우는 면도 있을 것이다. 하지만 글을 쓰려면, 혹은 잘 쓰려면 독서 이력이나 경힘, 습관은 기본이다. '글쓰기 수업'을 한다면서 '독서 지도'와 '독후 활동'을 안 할 수는 없다. 독서와 글쓰기는 동음이의어나 마찬가지다. 다만 독서량에 관해서라면 나는 '다독'보다는 '정독' 파에 속한다. 수업 초기부터 책을 들이밀지도 않거니와 독서 지도에 들어가서도 고정된 목록으로 진행하지 않는다. 학년이 같다고 일률적으로 같은 책을 적용하지도 않는다. 아이들 상황이 제일 중요하고 판단의 근거가 된다. 책을 좋아하는 아이들이라면 꾸준하게 단계적으로. 힘들어하거나 싫어하는 아이들이라면 띄엄띄엄 단계적으로. 좋아하는 팀일 경우 단행본 위주로, 싫어하는 팀이라면 A4용지 4장 이내 동화 한 편과 짧은 단행본을 번갈아가며. 수업 장소 근처에 도서관이 있다면 그곳에서 정기적으로 다양한 책 활동을 한다는 것도 차이라면 차이다.

내가 정독 파가 된 이유는 독서의 효용에서 찾을 수 있다. 독서의 좋은 점이나 효과에 대해 가장 흔한 내용은 이런 것이다. 지식을 얻으니까. 사고력과 독해력이 향상되니까. 글쓰기에 도움 되니까. 지혜와 교훈을 얻으니까. 재밌으니까. 책도 물론 다다익선이다. 그러나 책을 읽고 토론하거나 감상문 쓰기 같은 언어 활동을 하지 않으면 기억에서 희미해진다. 심심풀이로 읽는 게 아니라면 독후 활동이라는 되새김질은 필수에 가깝다. 꾸준히 책을 읽는 독서가라면 이 단계를 건너뛸 수도 있다. 독서의 오랜 습관은 별도의 독후 활동 없이도 읽은 책을 기억하는 데 무리가 없다. 그런데 꾸준한 독서가는 시키지 않아도 독후 활동을 알아서 한다. 반전이다. 그렇다면 독서 지도가 필요한 대상이 누구겠는가. 읽기가 서툴거나 꾸준하지 않은, 읽기를 싫어하는, 아이들을 포함한 모든 사람이다! 이들에게 고정된 커리큘럼을 적용하거나 일정 기간 몇 권 읽기를 제안하는 것은 좋은 방법이 되지 못한다. 많이 읽기보다는 적게 읽더라도 제대로, 꼼꼼하게 정독하도록 이끄는 것이 더 바람직하다.

다독을 추구한다면 목표를 크게 세우자. 유명한 책벌레들은 얼마든지 있다. 『책만 읽는 바보』로 알려진 조선 후기 실학자 이덕무는 굶주림에 겨운 가난 속에서 평생 2만 권 이상의 책을 읽었다. 소설가이자 기호학자이며 언어학자, 미학자, 철학자, 역사학자로 알려진 움베르토 에코는 이탈리아의 볼로냐 대학 도서관 장서 위치를 훤히 꿰고 있을 만큼 지독하게 읽었다. 아르헨티나 작가 루이스 보르헤스는 국립도서관 관장이었을 때 유전적 질환으로 시력을 잃어가면서도 죽을 때까지 읽고 쓰기를 멈추지 않았다. "나는 작가로서보다는 독자로서 더 뛰어나다." 보르헤스는 스스로를 작가이기보다는 독서가로 보았다. 지독한 다독가는 일본에도 있다. 『나는 이런 책을 읽어 왔다』를 쓴 작가 다치바나 다카시. 그는 지상 3층 지하 2층의 독립 건물을 지어 20만 권 이상의 책을 보관하는 서고로 쓴다. 놀라운 사람들이다. 다독의 목표로 삼기에는 책에 미친 정도가 지나치다 싶을 정도로. 다독의 목표를 크게 세우라는 말은 농담이었다. 독서의 양보다 질을 중요시하자는 말을 하고 싶었다.

'한 달에 몇 권 읽으세요?'보다는 '좋아하는 작가는 누구인가요?'라는 질문이 내실 있는 독서의 방향성이다. 전작주의는 아니더라도 읽고 있는 책의 작가가 누구인지 정도는 아는 게 좋다. 특히 재밌게 읽은 책의 작가를 기억해두면 그 작가의 다른 책으로 이동하면서 독서의 흥미를 이을 수 있다. 좋아하는 작가의 책은 감명 깊은 책이 될 가능성도 크다. 감명 깊은 책이 가슴에 쌓일수록 읽는 맛도 커진다. 카프카는 그에 관한 유명한 말을 남겼다. 친구인 오스카르 폴라크에게 한 말로 내용은 다음과 같다.

"나는 우리를 마구 물어뜯고 쿡쿡 찔러대는 책만을 읽어야 한다고 생각해. 만약 읽고 있는 책이 머리통을 내려치는 주먹처럼 우리를 흔들어 깨우지 않는다면 왜 책 읽는 수고를 하느냐 말이야. (…) 책은 우리 내부에 있는 얼어붙은 바다를

깰 수 있는 도끼여야 해."*

  내 가슴에는 그런 책과 작가들이 굉장히 많다. 카프카? 당연히. 어느 날 아침에 일어났더니 주인공이 벌레가 돼 있더라는 『변신』도 좋지만, 주인공이 성의 문지기에게 거절당해 성 안으로 끝내 못 들어가는 『성』이 더 좋다. 줌파 라히리의 『이름 뒤에 숨은 사랑』이나 『저지대』도 무척 좋고, 가즈오 이시구로의 『나를 보내지 마』와 『남아있는 나날』도 굉장히 좋다. 최윤, 오정희, 김채원, 최인훈, 이문구 등 국내 작가들도 빼놓을 수 없다. 언제부턴가 독서 취향이 인문서로 옮겨가면서 문학 작품에 소홀해진 건 아쉬움이자 반성할 부분이다. 으, 하지만 시간이 부족하다. 대충이나마 집안일도 해야 하고 수업도 해야 하고 강연도 있고 놀기도 해야 하고…. 아이들도 바쁘기는 마찬가지다. 학교 공부도 해야 하고 피아노, 태권도, 게임, SNS 등 할 거 천지다. 책 많이 읽는다고 당장에 성적이 오르는 것도 아니다. 책은 그저 짬짬이 읽을 수밖에. 그러니 책에 관한 질문은 이래야 한다. "한 달에 몇 권 읽어?" 말고 "좋아하는 작가는 누구야?"

---

* 『독서의 역사』(알베르토 망구엘)

책 한 권을 묵독으로 한 번, 낭독으로 또 한 번 읽는다면
내용을 이해하는 범위가 한결 넓어진다는 걸 그때 알았다.

쓰기를 가르치며 인생을 배웠습니다

낭독의 발견

궁금한 게 있다. 자기 목소리를 좋아하는 사람이 더 많을까, 싫어하는 사람이 더 많을까? 나는 후자에 속했다. 또박또박한 발음, 조곤조곤한 목소리, 느리적한 속도가 깍쟁이 같고 답답하다 여겼다. 간혹 목소리가 좋다는 말을 들은 적은 있다. 하지만 고개를 갸우뚱하며 '거 참, 그렇단 말인가?' 미심쩍어 했다. 요즘은 생각이 바뀌었다. 내 목소리가 마음에 든다. 매일 저녁 5킬로미터쯤 되는 동네 공원을 걸을 때 내가 소리 내어 읽은 책의 녹음 파일을 듣는 게 좋다. 두 눈은 풍경에, 두 귀는 내 목소리에, 머리는 책 내용을 상상하는 것에 고정하고 땀나도록 걷는다. 고요하다, 그 시간. 몸과 마음이 하나 되는 그 시간이 얼마나 좋은지 모른다.

소리 내어 읽기는 딸이 어렸을 때 책을 읽어주면서부터 였다. 아이는 귀를 쫑긋하며 책을 들었다. 한 권을 다 읽으면 "또.", 그래서 한 번 더 읽어주면 "또." 한 번 더 읽어주면 다시 "또." 그 시간, 아이와 내가 하나 되는 그 시간이 또 얼마나 좋던지.

소리 내어 읽기를 다시 하게 된 건 몇 년 전 서점에서 '모리스 블랑쇼'를 만나면서부터다. 어렵고 난해한 그의 글은 이십 대의 나를 좌절시켰다. 그런데 그날은 블랑쇼의 목소리가 들렸다.

'자네, 아직도 나를 도망 다닐 텐가?'

하긴. 아직도 풀지 못한 문제가 있기는 했다.『문학의 공간』에서 그 공간은 어디를 가리키는 것이며,『죽음의 선고』에서 선고는 어디에 하는 걸까.『도래할 책』에서의 책은 어디에 도래한다는 것이며,『카오스의 글쓰기』는 또 어떤 상황을 말하는 걸까. 문득 블랑쇼의 이 책들을 소리 내어 읽어보고 싶었다.

사람들을 모았다. 안내자 역할을 할 미학 선생님을 중심으로 이십 대에서 오십 대에 이르는 여섯 사람. 시간은 매주 한 번 평일 저녁 7시 반. 장소는 멤버 한 사람의 개인 사무실. 첫 번째 책으로는 두께가 가장 얇은 『죽음의 선고』. 우리는 퇴근 후 허기진 배를 부여잡고 모여서 소리 내어 책을 읽었다.

목표 같은 건 없었다. 돌아가며 책을 읽다가 나누고픈 내용이 있으면 이야기를 나누고 다시 또 돌아가며 책을 읽었다. 차분한 목소리, 리듬을 타는 목소리, 윤기 있는 목소리, 또각대는 목소리. 탁한 목소리와 맑은 목소리. 가는 목소리와 굵은 목소리. 모든 목소리가 듣기 좋았고 개성 있었다. 내 목소리 또한 하나의 개성일 뿐 흠잡을 이유는 전혀 없었다. 시간은 느슨하게 흘렀고 목소리의 울림과 분위기에 취하는 기분은 나른하니 좋았다. 『죽음의 선고』에서 『문학의 공간』으로 이어지던 일 년 넘는 기간 동안 우리는 여전히 함께 있었다.

소리 내어 책 읽기, 낭독은 묵독과는 다른 색다른 맛이다. 묵독이 평면적이라면 낭독은 입체적이다. 발성을 통해 글이 형태를 갖춘다. 읽을 때의 발음, 호흡, 속도는 묵독할 때와는 다른 내용을 마음에 새긴다. 그 내용은 목소리 그대로 기억으로 재생되곤 한다. 책 한 권을 묵독으로 한 번, 낭독으로 또 한 번 읽는다면 내용을 이해하는 범위가 한결 넓어진다는 걸 그때 알았다.

나만의 경험을 수업에 적용해보기로 했다. 초중등 아이 중에 낭독이 서툰 경우가 의외로 많다. 발음이 분명하지 않아서 문장이 뭉개지거나 구절과 단락, 쉼표 부분을 건너뛰어 내용을 통째로 삼키거나 발성이 안으로 말려서 내용 전달에 실패하거나. 낭독은 이해력과 집중력, 어휘력 부족과 연관돼 있다. 소위 공부 잘하는 아이들은 낭독을 잘한다. 낭독을 하면서도 한눈에 전체를 알아챈다. 눈으로 읽는 것과 소리 내어 읽는 것의 속도 차이로 마음이 급해서 가끔 빨리 읽는 거 말고는 흠 잡을 데가 없다. 서툰 아이들은 이때 심리적 위축 상태가 된다. 그 격차를 줄이고 싶었다. 내가 다 읽을지 아이들에게 맡길지를 고민하지 말고 차라리 놀이하듯 낭독 수업을 하면 어떨까? 발음과 속도, 발성과 호흡을 제대로만 한다면 자신감은 물론 띄어쓰기와 맞춤법, 단락 구분과 같은 글의 외형도 감각적으로 체화할 텐데.

초등 4학년 동화 수업을 하는 날 아이들에게 말했다.

"얘들아, 오늘은 책을 소리 내어 읽어보자. 줄거리 요약이나 느낀 점 말고 오로지 낭독만 하는 거야."

그랬더니 한 아이가 이렇게 말했다.

"선생님, 펭귄 리딩 해요."

"응? 그게 뭔데?"

"한 문장 읽고 다음 사람에게 토스하는 거예요. '펭귄 태호' 그러면서요"

영어 학원에서 배운 듯했다. 영어야 발음이 중요하니까 한 문장 단위가 괜찮겠지만, 우리말은 과연…. 어쩐다? 망설이다가 아무래도 아닌 것 같아 각자 읽고 싶은 데까지 읽고 넘기기로 했다. 아이들도 눈치가 빤하다. 상대방의 기다림을 외면하지 않는다. 아이들은 대부분 두 단락쯤에서 바통을 넘겼고, 순서를 기다리던 아이들은 글에 집중하며 기다렸다. '야호~ 낭독이 아이들에게도 통하는구나.' 속으로 환호하고 있는데, '펭귄 재성'이가 혼자 너무 많이 읽는 거다. A4용지 한 장이 넘어가고 또 한 장이 넘어가도 재성이는 순서를 넘기지 않았다.

"선생님, 반칙이에요. 재성이 혼자 너무 많이 읽어요."

아이들이 아우성쳤다. 재성이에게 그만 넘기는 게 어떠냐고 했더니

"더 읽고 싶어요."

하면서 왈라불라 왈라불라… 웅얼웅얼 웅얼웅얼…. 목소리는 작고 발음도 부정확해서 도무지 알아듣기 힘든데 마지막 장 한 단락이 남을 때까지 계속 읽었다. 가만 보니 재성이는 읽으면서 계속 귀를 쫑긋거렸다. 낭독자도 청자도 다 자기 자신이었던 거다. 소리가 작은 것도 발음이 불분명한 것도 그래서였다. 소리와 발음에 신경 쓰다 보면 자기는 집중하기 힘

들었던 것이다.

　재성이를 통해 또 하나 새로운 걸 알았다. 책을 읽는다는 것은 결국 '소통'이라는 것을. 묵독이 작가와 독자 간의 소통이라면 낭독은 낭독자와 청자 간의 소통이었다. 그러니 책을 만난다는 것은 깨달음을 위한 것만은 아니다. 책을 매개로 자기 자신과 지금 내 옆에 있는 사람을 만나는 거다. 아이들과 그런 이야기를 나누면서 문득 "또" "또" "또"를 연발하던 내 아이가 떠올랐다. 그 무렵 아이는 책을 반복해서 읽는 습관이 있었다. 물어보았다.

　"책을 그렇게 반복해서 읽으면 안 지루하니?"

　아이가 눈을 동그랗게 뜨면서 말했다.

　"엄마는 좋아하는 사람 있으면 자꾸 만나고 싶지 않아?"

　아이는 이미 알고 있었다. 책이 곧 만남이라는 것을.

　책 읽기, 하면 보통 '묵독'을 떠올린다. 그러나 고대 철학자 아우구스티누스의 『고백록』에 의하면 묵독은 '그거, 참, 이상한 일'에 해당한다. 서구 10세기까지 책 읽기는 사람들과의 공동 활동이었다. 책을 혼자 만나고 싶다면 묵독을. 다 함께 만나고 싶다면 낭독을. 그러나 낭독으로 혼자 만나고 싶다면 혼자서 조용히 소리 내어 읽어보시라. 그것을 녹음해보시라. 녹음한 것을 운동할 때나 여행할 때 차를 타고 갈 때 들어보시라. 도끼자루 썩는 줄 모르는 쌈박한 즐거움이 될지도 모른다.

안다는 것

사람의 머릿속에는 어휘 창고가 있다.
양의 차이가 있을지언정 누구에게나 있다.

쓰기를 가르치며 인생을 배웠습니다

알고 있나요, 당신의 감정?

지나고 보면 일을 그르친 결정적 이유는 감정에 휘둘렸기 때문이었다. 식구와의 싸움, 아이를 과하게 혼냈던 일, 사람에게 마음을 접어야 했던 일, 노력한 만큼 결과가 안 좋았던 일 대부분이 모두 그랬다. 자존심이 상했거나 허세를 지적당했거나 부족한 능력을 간파당했거나 할 때마다 나는 순간적인 화에 휘둘려 상대를 공격했었다. 그건 결국 내가 친 덫에 내가 넘어진 꼴이라 심리적 타격을 회복하려면 시간이 오래 걸렸다.

감정을 제대로 인식하지 못하면 반응이 그렇게 과잉으로 나온다. 독후감이나 독서기록문에 대한 아이들 거부감도 비숱한 경우다. 수업 시간에 같이 책을 읽고 감상을 나누는데도 아이들은 공책 앞에서 넋을 잃는다. 느낀 게 없단다. 뭐라고 써야 할지 모르겠단다. 설마. 방금 한 얘기를 그렇게 빨리 잊어먹는다고! 나는 말한다.

"우리가 나눴던 얘기 그대로 쓰면 되는데."

돌아오는 대답이 만만치 않다.

"그러니까 그 내용을 어떻게 쓸지 모르겠어요."

화날 일이 아니다. 그런데도 화난 사람 마냥 퉁명스러워진다. 한동안 나도 말을 잇지 못하고 넋을 잃는다. 늘 경험하는 바, 선생님 기분이 가라앉으면 아이들도 덩달아 가라앉는다. 그럴 때일수록 정신 차리고 빨리 분위기를 바꿔야 한다. 종종 실패하고 가끔 성공한다. 아이들이 여전히 독후감 쓰기가 어려운 것처럼 나 역시도 독후감 지도는 여전히 힘겹다.

독후감이란 게 무언가. 느낀 걸 쓰는 거다. 어떤 아이도 책을 읽고 아무 느낌이 없지는 않다. 그런데도 아이들이 독후감 쓰기를 어려워하는 이유는 감정을 표현하는 언어의 가짓수가 부족한 데 있다. 표현할 언어를 모른다는 점에서 감정이 모호한 상태랄 수도 있다. 어린이와 청소년 감정 발달 연구자들은 이런 상태를 아직 감정 분화가 이뤄지지 못한 상태로 본다. 분화가 잘 되면 감정에 이름을 붙일 수 있는데, 분화되기 전이니 부를 이름이 없다. 감정은 있는데 부를 이름이 없으니 감정이 표현되지 못한다. 느낀 게 없다는 건 그런 의미다. 뇌과학 측면에서 단순하게 정리하자면 이런 얘기다. 감정을 감지하는 일은 우뇌 담당이다. 우뇌는 그 감정을 좌뇌로 보낸다. 좌뇌는 우뇌의 신호를 받고 감정에 이름을 붙이는 언어화 작업을 한다. 기쁨, 슬픔, 즐거움, 보람, 만족감, 외로움, 가여움, 그리움, 화, 짜증, 안타까움 등 감정에 형체를 만드는 일이다. 감정에 초점을 둔 관계 연구의 권위자이자 미국의 심리학 교수인 존 가트맨 박사는 이를 '감정이라는 문에 손잡이를 만들어 주는 것'에 비유하기도 했다. 적절하다. 손잡이가 있는 문과 없는 문 중 어느 쪽 문이 잘 열릴지 너무나 분명하지 않은가.

사람의 머릿속에는 어휘 창고가 있다. 양의 차이가 있을지언정 누구에게나 있다. 꺼내 쓸 어휘가 많을수록 감정의 출입문이 자주 열린다. 그래서 나는 말 많고 수다 잘하는 아이가 좋다. 풍부한 말 솜씨가 풍성한 글로 이어지기도 하기 때문에. 산만해 보일 수는 있다. 그래도 말 없는 조용한 아이보다는 훨씬 편하다. 말 없는 아이의 속마음은 알아서 추측하고 알아서 예감해야지 아이한테조차 확인받지 못한다. 수업의 흐름이 더뎌지는 것도 어쩔 수 없다.

그때 그 아이가 그랬다. 수업 첫날부터 나를 긴장시켰던 초등 4학년 여학생이다. 엄마한테 억지로 끌려왔나 싶을 정도로 표정이 뾰로통했다. 마음이 쓰였지만, 그날 유독 피곤한 날이었거나 일진이 안 좋은 날이었겠지 하면서 마음을 다스렸다. 글을 쓰는 시간이 되자 아이는 눈에 띄게 안절부절못했다. 팔꿈치로 공책을 가리고 쓰면서 주변을 자꾸 두리번거렸다. 짐작했다. 자기 글을 보여주기 싫어하는구나. 그러면 안심시켜 줘야지. 아이들에게 말했다.

"얘들아, 글 쓸 때는 옆 친구 거 보기 없기. 다 쓰면 돌려보기로 하고 지금은 자기 글에 집중하자."

그러자 아이가 이러는 거다.

"선생님, 꼭 돌려봐야 해요?"

아이고, 역시나. 나쁜 예감은 틀리시 않는다.

"아니. 꼭 그래야 하는 건 아니야."

아이는 공책을 돌리지 않았다. 다른 아이들이 궁금하다고 보여달라 해도 끝끝내 들어주지 않았다. 실은 글이 좋았다. 완결성이 높은 단정하고 깔끔한 글이었다.

"해빈이 글 좋은데. 이렇게 좋은 글을 친구들에게 비밀이라니 아쉽네."

했더니

"그래요?"

하면서 시큰둥하게 받았다.

한 달이 넘도록 아이의 안절부절 증세는 계속되었다. 여전히 공책을 보여주지 않았고 다른 아이들도 더는 부탁하지 않았다.

상황을 알게 된 건 석 달이 지나서였다. 수업을 그만둔다고 했다. 수업 전날 아이의 갑작스런 선언이었다. 엄마를 통해 아이 말을 듣게 되었다. '나는 글을 못 쓰는데 선생님은 칭찬만 해. 지적하면 그만둘까봐 일부러 그러는 거 같아….' 아이가 혹시 글 때문에 상처받은 적이 있었느냐고 물어보았다. 엄마는 잠시 생각하더니 3학년 때 일을 기억해냈다.

"해빈이 3학년 초에 그런 일이 있었어요. 담임 선생님이 반 아이들에게 해빈이 독서록을 읽어주면서 글이 너무 길다고 그렇게 쓰면 안 된다고 하셨대요. 아이들은 책 내용이 똥얘기라고 웃었던가봐요. 해빈이가 엄청 수치스러워했어요. 그러더니 그 부분을 테이프로 붙여놓더라고요. 그뒤로는 반항하듯이 독서록을 딱 세 줄만 쓰는 거예요. 그냥 대수롭지 않게 넘기고 말았는데…. 이제야 이해돼요. 해빈이가 좀 예민하거든요. 그때 상처가 컸던가봐요."

손 아픈 줄 모르고 열심히 쓴 독서록을 지적받은 아이. 학교 선생님도 엄마도 그 마음을 모르는 동안 아이는 그날의 감정을 밀봉해 버렸다. 밀봉된 수치심은 응어리가 되어 나쁜 가스를 만들어냈다. 노력을 부정당한 억울함. 즐거움을 조롱받은 쓰라림. '글을 못 쓰는 아이'라는 스스로 새긴 각인. 감정을 회복할 기회를 갖지 못한 채 아이는 글쓰기 교실에 있었던 거다. 마음이 편하거나 즐거웠을 리 없다. 그저 수업이 빨리 끝나기를, 글 쓰는 시간이 빨리 지나가기를 얼마나 기원했을까.

그때 그 감정을 밀봉하지 않았더라면, 부정적인 감정을 해소하는 다른 감정을 알았더라면, 아이에게 괜찮다고 말해주는 어른이 있었더라면, 아니, 아이를 처음 만났을 때 내가 가진 예감으로 먼저 살폈더라면, 감정이 연쇄 폭발하는 일은 없었을 텐데. 자기 글을 인정하고 존중할 줄 아는 홀가분한 상태가 되었을 텐데.

어둠 없는 마음이 어디 있으랴. 나는 아이들을 만날 때면 얼굴에서 그늘을 살핀다. 마음이 맑아야 잘 보일 텐데 어둠은 나에게도 있다. 그래서 거울을 본다. 오늘은 얼굴에 어떤 감정을 담고 있는지 찬찬히 본다. 얼룩이나 먼지는 없는지. 흐리거나 어둡지는 않은지. 얼마나 빛이 나고 윤이 나는지 천천히 요모조모 관찰해 본다.

 마음의 청소를 끝내고 나면 책가방을 들고 집을 나선다. 아이들과 함께 명랑하고 투명해지는 길을 가는 것이다.

작정하고 단어 뜻을 공부해보라.
그간 모르고 써왔던 단어들이 얼마나 분명하게 실감되는지.

쓰기를 가르치며 인생을 배웠습니다

어휘력은 문해력이 아니다

토마토 스튜를 만들었다. '오늘쯤은 만드는 게 좋지 않겠어?' 가끔 가슴에서 권유한다. 양파와 마늘, 감자, 당근, 버섯, 토마토 등 냉장고에 뒹구는 야채 들을 몽땅 꺼내서 썬다. 중간 불에서 버터에 볶다가 웬만큼 익는다 싶을 때 해물 육수를 부은 후 토마토소스를 넣고 뭉근하게 익힌다. 보글보글 끓을 때 맛을 보면 재료와 재료가 섞이며 나오는 야채 내부의 단맛이 은근하게 입안에 퍼진다. 재료를 썰 때 찔끔찔끔 흐르는 눈물을 참아야 보여주는 콧대 높은 단맛. 어느 하나의 맛이 아닌 재료의 조화에서 나온 그 맛.

말과 글에 관한 수업을 하다 보니 언어 표현에 민감한 편이다. 아이들 글을 온라인 첨삭 지도했던 적이 있는데, 초반에는 회사 매니저한테 지적을 자주 받았다. 내용이 아니라 표현 때문이다. 가령, '이러이러한 점은 이렇게 하는 게 좋으니 다시 한 번 생각해보세요.'라고 쓴 말을 '이러이러한 건 잘했어요. 저러저러한 점은 이렇게 한다는 걸 익혀두어요.'라고 쓰라는 거다. 뭐가 그리 다를까? 잘했다는 말 한마디가 그렇게 중요한가? 칭찬은 고래도 춤추게 한다는 말을 지나치게 신봉하는 것 아닐까? 영혼 없는 칭찬은 효과가 없다. 과하다 싶었지만, 배운 점은 있다. 비판을 수용하게 하려면 '어떻게'를 생각하자는 것. 내용에서 이미 뼈를 때리는데 까칠한 표현으로 상처까지 주지는 말자는 것.

이런 경험도 있다. 아이가 엄마한테 그러더란다. '선생님은 디게 근엄해 보이는데 가르쳐 주실 때는 엄청 부드럽고 사려 깊으셔.' 학교에서 선생님과 급우들 눈을 마주보기 힘들어하는 아이한테는 이런 말도 들었다. '선생님은 내 글 읽을 때 생글생글 웃어. 엄마, 난 그게 너무 좋아. 글쓰기 선생님이랑은 눈을 마주쳐도 편해.' 또 하나 배웠다. 어린이도 청소년도 애정 어린 마음은 읽을 줄 안다는 것. 아이들도 퍽퍽한 표면의 이면을 보는 눈이 분명히 있다는 것.

같은 값이면 다홍치마라고, 누구에게든 부드러운 표현으

로 맘 상하지 않게 하는 게 좋기는 하다. 그러나 드러난 표현에 흔들리는 마음이란 얼마나 허약한가. 표현은 그래도 목적하는 내용을 읽을 줄 아는 생각 머리, 중요한 건 그것일 텐데. 그게 바로 맥락 파악, 국어 시간에 배우는 주제 파악 아닌가.

한동안 어휘력을 키우는 방법에 대한 하소연 조 질문을 많이 받았다. EBS에서 방영한 「당신의 문해력」을 보고 학부모들 충격이 컸던 모양이다. 아이들이 단어 뜻을 몰라도 너무 몰라서 뜻풀이해 주느라 수업 진도를 나가기가 힘들다는 내용이었던가 본데, 어느 하나를 현미경으로 들여다본 결과의 오류라고 느꼈다.

아이들이 교과서 단어에 낯가림이 심한 건 사실이다. 나와 수업하는 한 중등 아이도 독서 포트폴리오용 한국 근대 소설을 읽으면서 모르는 단어 때문에 무척 힘들어했다. 단어에 걸려서 내용 파악이 어렵다는 것이다. 교육열 높은 집안에서 국제고를 준비하는 아이였다. 보다 못한 엄마가 책을 먼저 읽고 단어 밑에 일일이 뜻풀이를 해놨다. 아이들이 뜻풀이나 비슷한 말, 반대말 같은 단어 공부는 영어에 내주고 인터넷 언어와 은어를 과잉 사용하는 모습이 걱정스럽긴 하다. 그래도 그렇지. '이모'와 '고모'라는 말까지 혼동하더라는 방송 내용은 경각심을 위한 연출로 보인다.

단어 뜻 당연히 알아야 한다. 그러나 문해력은 전체 내용에 대한 이해가 관건이다. 뜻을 다 알고 단어를 쓰는 사람은 많지 않다. 대부분은 전체 내용을 통해 그러려니 하는 걸 테다. 이게 무용하지만은 않은 게 나날의 미분은 당장엔 소용없어 보여도 그것의 적분은 항상 결괏값이 있다. 작정하고 단어 뜻을 공부해보라. 그간 모르고 써왔던 단어들이 얼마나 분명하게 실감되는지. 뜻은 몰라도 쓰임의 거처를 눈치껏 시도해봤기에 가능한 일이다.

단어가 시대 감각을 반영한다는 것도 알아둘 필요가 있다. 예전에는 문해력 대신 독해력이라는 말을 주로 썼다. 문해력은 리터러시(Literacy)라 하기도 하는데, 두 용어를 엄격하게 구분하는 학자들도 있으니 꼭 그렇다고는 볼 수 없다. 이들의 사전적 정의를 살펴보자. 문해력은 문자를 읽고 쓸 수 있는 능력이고, 독해력은 글을 읽어서 뜻을 이해하는 능력이다. 리터러시란 문자화된 기록물을 통해 지식과 정보를 획득하고 이해할 수 있는 능력을 말한다. 세 단어의 뜻이 비슷한 셈이다. 연구자나 학자가 아닌 일반인이라면 문해력을 써야 할지 독해력이나 리터러시를 써야 할지는 눈치껏 하면 된다. 뜻을 안다면 좀 더 정확한 위치에 쓰겠지만, 그렇지 않더라도 이들 단어가 언제 어떻게 사용되는지는 웬만하면 안다. 단어에 대한 이런 눈치는 중요하다. 드러난 것만으로 만사형통이면 세상 편하겠지만 그럴 리가. 그래서 힘든 거 아닌가, 모든 관계가. 말인즉슨 단어 뜻을 아는 어휘력으로 문해력을 측정하는 건 논리의 비약이다.

토마토 스튜를 먹으면서 이런 생각을 하다니 이것도 눈치라면 눈치고 맥락 파악이라면 맥락 파악이겠다. 오늘 스튜에는 바질과 파슬리를 생략했다. 매콤시큼함을 감싸 안은 단맛이 그럴 듯하다. 야채 들은 겉으로는 모양이 살아있지만, 입 안에 들어가면 순식간에 무너진다. 나는 안 씹어도 되는 음식이 좋다. 이렇게 말하면 단골 치과 선생님이 그런다. 잇몸도 약하면서 유동식 자주 먹으면 안 돼요. 씹어 먹어야 이도 잇몸도 튼튼해져요. 음식만 그러겠나. 언어의 잇몸이 상황에 대한 이해라면 단어는 이에 해당한다. 서로 어우러진 그 상태가 문해력이라 할 것이다.

실제 상황에서 이 둘을 조화시키는 노력은 나의 몫이다. 나는 개별 단어의 이해보다 문장과 상황에 어울리는 단어의 조합을 고민한다. 이를테면 '바람 핀다'는 말이 그렇다. 입 밖으로 나온 말은 시나브로 내면화되기 때문에 조심해야 하는

데, 초등 아이들이 이 말을 아무렇지 않게 하는 걸 보고 충격 받았다. 내 수업에서는 절대 금지이다. 그렇게 된 데는 다음과 같은 경험이 있다.

복합 문화공간이라는 데서 만나는 초등 3, 4, 5학년 아이들이 있다. 공간이 산 아래 오래된 동네 골목 안쪽에 있어서 아이들과 골목 입구에서 만나 같이 걷는다. 남자는 남자끼리 여자는 여자끼리. 모이는 성별은 예나 지금이나 변함이 없다. 다 함께 이야기 나누며 앞서거니 뒤서거니 걷다가도 어떤 날은 일주일 동안 쌓인 사연을 자기들끼리만 속닥거린다. 뒤따라가면서 듣는 아이들 말소리와 웃음소리는 새의 지저귐이다. 아닌 게 아니라 이곳 수업은 '자연 창의 글쓰기'라고 부른다. 여름이면 모기와 벌레가 겨울이면 북풍한설이 몰아치는 환경이지만, 사시사철 실감하는 자연의 변화는 창의성을 자극하는 특별한 배경이 된다.

오늘도 즐거웁게. 혼자 속으로 오늘의 수업을 상상하는데, 어떤 말이 귀에 와 딱 달라붙었다.

"나 걔랑 헤어졌어."

"왜에? 니네 사귄 지 얼마 안 됐잖아."

"걔가 바람 폈거든."

"어유, 하여튼 남자들은 문제라니까."

'남자들이 문제'라고 말하던 여자아이가 이 말을 하면서 남자아이들을 향해 삿대질을 했다. 남자아이들이 가만있을 리 없다.

"뭐야~. 왜 우리한테 그래~."

"야, 니네 남자들은 다 못됐어. 걸핏하면 바람이나 피우고. 생각이 없어, 생각이."

"야, 남자들만 그러냐. 여자들 니네도 바람 피우잖아."

초등 아이들에게 '사귄다'거나 '바람 핀다'는 말을 들은 지는 오래되었다. 5~6년쯤 됐을 것이다. 처음에는 너무 놀라서 뜻이나 알고 하는 말인가 싶어 묻기도 하고 너희들에게 어울리는 말이 아니라고 주의를 주고 말았다. 그러나 언어에도 유행이 있는 법. 어느새 이 말은 아이들의 유행어였다. 오늘 수업은 이 말에 대해 생각해보는 거로 시작해야겠군 하는 잠깐 사이 남자아이들과 여자아이들이 길에 서서 서로를 노려보았다. 위급 상황. 수업도 하기 전에 분위기 다운.

"얘들아, 여기서 이럴 건 아니지. 일단 들어가서 뭐가 문젠지 얘기해보자."

하고 말했다.

"선생님, 쟤네들이 먼저 시비 걸었어요. 우리는 아무 잘못도 안 했다고요."

항의하는 남자아이를 진정시키고 다 함께 교실로 데리고 왔다.

"너희들 '바람 핀다'는 게 무슨 뜻인지 아니?"

"지금 사귀는 사람 배신하고 다른 사람이랑 사귀는 거요."

삿대질하던 여자아이가 말했다. 말도 잘하고 글도 잘 쓰는 똑부러진 아이다.

"너희들에게 사귄다는 건 무슨 뜻이니?"

"서로 톡도 하고 꽁냥꽁냥 하는 사이요."

"사귄다는 건 그런 게 아니야. 사랑으로 만나는 거지. 그러면 사랑이라는 건 뭘까?"

"결혼할 사이요."

"비약이 심한데. 사랑하면 다 결혼해야 하나? 그리고 사귀는 게 결혼을 의미한다면 너희들이 사귀는 친구는 결혼할 사람이야?"

"그, 그, 그게…."

"바람 핀다는 말을 왜 쉽게 하면 안 되는지 이제 알겠지? 선생님은 너희들이 그런 말을 하는 것도 화나지만, 다른 이유 때문에 더 화가 났어. 그게 뭘까?"

고개를 숙인 채 아이들은 아무 말 하지 않았다.

"오늘은 이 질문에 답을 찾는 게 더 중요한 것 같아. 각자 생각해보고 이야기해봐."

시간이 지루하게 흘렀다. 그 자체가 벌 서는 거나 다름없었다. 15분 후.

"수업도 하기 전에 저희들이 싸워서 그런 거 같아요."

"맞아. 너희들 눈치가 없었어. 그런 걸 '맥락 없다'고 하는 거야. 사랑하는 사이도 아니면서 '사귄다', '바람 핀다' 그런 말 하는 것도 맥락 없기는 마찬가지야. 다들 이해한 것 같으니 이제 오늘의 수업을 하자."

이런 게 바로 문해력이다. 상황에 관한 판단. 그에 맞는 언행. 문해력은 어휘력이 다가 아니다.

나하고 유머는 친하지 않다.
유머가 내게 오면 다큐가 된다.

쓰기를 가르치며 인생을 배웠습니다

진지한 게 어때서

"웃자고 하는 말을 다큐로 받네. 하여튼 진지하기는…."

이런 말을 자주 듣는다. 분위기 파악 못 하고 눈치 없이 군 것 같은데 무슨 잘못을 했는지는 알 수가 없다. 들을 때마다 어리둥절이다. 한 친구가 웃으면서 이렇게 말했다. '천벌 받을 짓'이라고. 작정하고 '진지하게' 물어보았다.

"그냥 넘어가도 될 말을 너무 진지하게 받잖아. 뻔히 농담인 줄 알면서. 그냥 넘어가면 좀 좋아."

틀린 말은 아니다. 그래도 거듭해서 듣다 보니 씁쓸해졌다. 친구들끼리 만나는 자리라 해도 할 말이 있고 안 할 말이 있다. 농담이어서는 곤란한 말도 있다. 관심사를 열정적으로 말하는 친구에게 "아는 거 많아서 먹고 싶은 것도 많겠다."거나 "책 많이 읽으면 말이 많다니까."라는 말은 유머나 농담으로 받기에는 무례하게 들린다.

물론 나는 진지한 사람이다. 오락 프로그램보다는 시사 프로그램을 좋아하고, 영화도 예술 영화로 분류되는 걸 더 좋아하기 때문에 상영관이 멀거나 시간이 애매해서 난처할 때가 많다. 드라마 시청은커녕 홈쇼핑도 거의 안 해서 집안에서 TV를 치운 지 오래다. 유머와 농담을 못 알아듣거나 싫어하진 않는다. 어떤 유머와 농담에는 큰 소리로 웃기도 한다. 다만 나는 웃음조차도 '진지'한지 남들이 3초 웃을 때 두세 배는 더 웃는다. 그래서 붙은 별명이 '반전 매력'이다. 입 다물고 있으면 진지한데 웃을 때는 푼수 된다고.

내가 정말 꽉 막힌 '진지파'인 줄 알고 고민했던 적도 있다. 이유가 무엇일까 생각하다가 만화책과 안 친했던 어린 시절이 떠올랐다. 그때 본 만화라 봐야 「소년 중앙」이나 「어깨동무」, 「새소년」 같은 어린이 잡지에 있는 부록 만화가 다였다. 그나마도 빌려본 거라 꾸준하지도 않았다. 오빠들 따라 가끔 만화방에 드나들면서 지금은 기억나지 않는 이런저런 경험을 해보긴 했다. 『공포의 외인구단』을 아마 그때 봤지 싶다. 십 대 초반에 『캔디 캔디』, 『베르사유의 장미』, 『오르페우

스의 창』같은 일본 만화책 열풍이 불었을 때도 유행이 한참 지나고서야 빌려서 봤다. 인기가 사그라들기는커녕 아예 전성시대로 접어들자 그나마도 약간의 호기심으로 겨우 본 거다. 어쩌면 나의 유머 부족은 부실했던 만화책 경험에 있는지도 모를 일이다.

이유가 무엇이건 친구들의 지적이 마음에 걸렸다. 유머도 노력하면 되지 않을까. 나한테 유머가 있으면 수업이 좀 더 즐거워질 텐데 하는 생각에 내 나이 사십 중반, 도전을 시도했다. 마니아들 사이에는 만화의 레전드급 계보가 있다고 들었다. 이왕이면 계통을 따르되 속성 코스를 밟고 싶었다. 조언을 받고 첫 번째로 본 게 『몬스터』였다. 인간 내면의 악마성과 휴머니즘이라는 묵직한 주제를 속도감 있게 보여주는 내용이었다. 이틀 동안 아홉 권. 빠져서 봤다. 재밌기는 한데 소금도 고춧가루도 없는 싱거운 맛이었다. 싱거워도 너무나 싱거워서 다른 거로 넘어갈 마음은 들지 않았다. 이제 와 재미를 알기에는 내 가슴이 늙은 탓이다. 이거 보면 생각이 달라질 거야, 새로운 만화를 여러 권 소개받았지만, 그쯤에서 나는 뒤돌아섰다.

두 번째 도전은 유머집이었다. 대중 강연하는 사람들의 참고서라 했다. 배를 잡고 깔깔거리기도 하고, 고개 숙여 쿡쿡

거리기도 하면서 재미있게 읽었다. 나 웃자고 읽은 게 아니었으니 실험해보아야 했다. 어느 날 딸과 함께 차를 타고 가면서 시도해봤다.

"엄마가 말이지, 디게 웃긴 얘기해줄게. 어, 어, 그러니까 말이야, 부인이랑 사막 여행을 간 남자가 있었는데…."

딸은 "응." "응." 하며 들었다. 그런데 이야기가 끝나도록 안 웃는 거다. '이게 아닌데. 여기서 웃어야 하는데.' 속으로 아무리 애원해도 딸은 끝내 웃지 않았다. 웃음은커녕 한숨이랄까 객관적인 평가라 할까 이렇게 말했다.

"엄마, 어디 가서 이 얘기 하지 마. 하나도 안 웃겨."

음, 한계로다, 한계. 나는 정녕 유머가 안 되는구나. 유머집 도전도 절망으로 끝나 버렸다.

인정한다. 나하고 유머는 친하지 않다. 유머가 내게 오면 다큐가 된다. 내용이 웃기면 내가 먼저 웃거나 일사천리로 가야 할 걸 중간에 까먹고 버벅대기 일쑤다. 나는 유머를 하면서도 몸짓이 차분하고, '그게 말이 돼?' 하면서 따지고 든다. 안 되는 건 빨리 포기. 원래 자리로 돌아가기. 유머 있는 사람이 돼보겠다는 나의 도전은 대단원의 막을 내렸다.

좀 해보니 유머는 재능이었다. 두통을 날려버릴 만큼의 입담과 찌뿌둥한 기분을 흥으로 전환하는 재치는 상황에 대한 유연성과 융통성이었고, 낙관적인 기질에서 나오는 발랄함이었다. 비극이라면 어찌 좀 해볼 텐데 희극을 하기에는 나는 너무 정직하게 말한다. 나를 변호할 내용이 없지는 않다. 여럿이 있는 자리에서 말하는 기회를 독점하려 들 때, 잘 나가던 왕년 얘기를 장황하게 할 때, 속사정을 말하는데 재미 운운하며 무시하려 들 때, 유명하거나 출세한 사람과 친하다며 인맥을 자랑할 때, 출신 학교나 재력, 나이가 많거나 지위 높은 걸 과시하려 들 때, 어떤 상황에서든 자기가 우선이고 중심이고자 할 때, 나는 가슴에 화가 뭉친다. "거까지만 하시죠." "말이 너무 많으시네요." "그 말씀은 듣기 거북하네요." "왜 본인만 옳다고 생각하시죠?" 이런 말이 서슴없이 나온다. 낮은 목소리로 또박또박 말하면 대부분은 멈춘다. 반박하는 사람이 있기는 해도 결국에는 멈춘다. 그러고 나면 그 사람과 나의 관계도 거기까지다.

나를 변호할 내용이 또 하나 있다. 내가 인간관계가 나쁜 사람은 아니라는 거. 나는 싸움꾼이 아니다. 나의 진지함은 유머가 없는 것과는 차원이 다르다. 잘못된 것에 대한 항거이자 정당방위다. 부당하고 불편한데도 좋은 게 좋다면서 참는 습관은 고쳐야 한다. 사실의 직대면이 부담스럽다고 잘못된 걸 덮고 가는 건 악순환이다. 짚어야 할 것은 그때그때 분명하게 짚는 게 좋다. 대신 나는 그 어려운 말을 '어떻게' 전해야 할지 궁리를 거듭한다. 표현과 어조, 톤을 생각하고 말하는 상황을 머릿속에서 시뮬레이션 해본다. 좋자고 하는 말을 싸우자고 덤벼서는 안 되는 거니까. 이왕 하는 말, 이왕 만나는 자리, 배려하고 보듬어야 하니까. 내가 하는 말과 상대방의 말에는 간극이 있는 법. 의도가 좋다 해도 내가 하는 말이 상대에게는 무거울 수 있다는 걸 잊지 않는다.

웃음 없는 사람은 없다. 유머의 품질은 다를지언정 마음을 나누는 사이라면 가벼운 장난과 농담은 절로 나온다. 좀 덜 웃기고 썰렁해도 마음이 통하는 그 자체가 즐거움이다. 내가 아이들을 오래 만날 수 있었던 것도 그 덕분일 것이다. '글쓰기 쌤은 유머가 없어서 재미가 없어.' 이런 말은 들은 적이 없다. 그런데 잠깐, 갑자기 의문이 든다. 이게 혹시 나만의 착각은 아니었을까? 지루한 글쓰기 쌤을 아이들이 참아준 건 아니었을까? 선생님이니까 어른이니까 꾹 참고 견뎌준 건 아니었을까? 아아, 순간 자신이 없다. 기가 죽는다. 말이 너무 길었다. 내가 판 함정에 내가 빠진 듯하다.

아아, 잘못한 게 없으면서 잘못한 기분이 드는 건 어째서일까? 진지한 게 어때서. 정말이지 진지한 게 어때서.

호기심이 사라진 자리에는 공부라는 의무만이 남는다.
지겹고 힘든 게 당연하다.

자유로울 권리

수업 안내문을 전송하고 십여 분이 지나자 휴대전화 카톡방에 불이 나기 시작했다. 엄마들의 소감과 의견과 감사 인사가 연달아 쏟아졌다. 일착으로 올라온 내용은 장문의 편지였다. 3개월째 수업 중인 초등 3학년 유빈이 엄마가 보낸 거였다. '선생님께서 아이를 온전한 인격체로 봐주시는 것 같아서 얼마나 감사한지 모릅니다.'로 시작한 글은 감동 그 자체였다. 유빈이는 팀의 보물 같은 아이다. 첫날부터 그걸 알 수 있었다. 의젓하고 차분했으며 설명하는 내용을 제대로 알아듣고 해야 할 것을 정확히 할 줄 알았다. 그런 유빈이가 나는 순둥이인 줄 알았다. 엄마가 하는 말은 전혀 달랐다. 예를 들면 이렇다. 함께 외출해야 하는데 유빈이가 싫다고 한다. 두고 갈 수는 없어서 달래서 차에 태운다. 시동을 걸고 출발을 준비하는데 그 잠깐 사이 유빈이가 안전벨트를 풀고 도망가버린다. 뿐만이 아니다. 공부 싫어, 학원 싫어, 학교 싫어, 엄마 싫어. 이런 말을 달고 산단다. 시키는 대로 해야 하는 학원은 싫다고 해서 좋아하는 피아노랑 미술도 혼자 하는데 글쓰기 수업은 학교 대신 매일 다니고 싶어 한단다. 자유롭고, 생각한 대로 마음껏 표현하면 칭찬도 받고. 글쓰기 시간이 너무 재미있단다.

같은 팀에 다른 엄마가 덕담을 했다. '아유, 애가 혼자 하는 걸 좋아하는 거네요. 그 댁은 아이들이 셋이잖아요. 요즘 애들은 노는 것도 엄마가 해줘야 하는데, 큰애가 신경 쓰지 않아도 알아서 하니까 얼마나 좋아요.' 그 말에 고무되었는지 유빈 엄마가 유빈이 그림을 보여주었다. 유치원 때 그린 기울어진 에펠탑과 병환 중인 할아버지 선물로 그린 늠름한 호랑이에 이어 아홉 살 때 그린 말 타는 여전사까지. 혼자서 그렸다는 그림들은 어찌나 세밀하고 생생하던지 탄성이 절로 나왔다.

면담은 글쓰기 쌤이 됐을 때부터 이어온 나만의 관습이다. 팬데믹이 아니라면 안내문은 얼굴 보고 전달했을 것이다. 그 시간은 한 달간의 수업 내용과 그것의 의미를 설명하는 자리다. 그러면서 엄마들의 교육적 고민을 함께 나눈다. 비슷한 처지라서 엄마들은 시간 내내 위로받고 힘을 얻는다. 다른 집에서 효과를 본 방법으로 해결의 실마리를 얻기도 한다. 나는 이때 아이들 마음을 적극적으로 이야기한다. 글에서 발견한 아이의 장점과 특별한 점, 현재의 심리 상황은 엄마들이 미처 몰랐거나 헤아리지 못한 내용들이다. 그도 그럴 것이 우리 사회는 일하는 엄마가 감당해야 할 것이 너무나 많다. 유빈 엄마도 직장인이라 낮에는 할머니가 보살펴 준다. 할머니 혼자 아이 셋을 건사하기란 쉽지 않은 일. 보낼 수 있는 만큼 학원에 보내 보지만, 집에 오면 아이들은 텔레비전과 휴대전화로 시간을 보낸다. 엄마로서는 이만저만 걱정인 게 아니다. 미디어 경험은 늦을수록 좋다. 어린 나이에 시작할수록 들어야 하는 잔소리도 늘어만 간다. 티비 그만 봐라, 폰 그만해라, 숙제해라, 학습지 해라…. 금지하고 채근하고 확인하는 것만으로도 감당하기 벅찬 마당에 아이의 속마음까지 챙길 겨를은 없는 것이다.

글쓰기 쌤이 되고 나서 오랫동안 나는 마음이 힘들었다. 호기심이야말로 아이들의 특권인 줄 알았다. 그런데 수업에서 만난 아이들은 쓸 것도 없고 생각도 귀찮고 만사를 지겨

워하는 무기력에 빠져 있었다. 이해는 한다. 변화라고 해봐야 다니는 학원이 다를 뿐이지 아이들 생활은 단조롭기만 하다. 호기심이 사라진 자리에는 공부라는 의무만이 남는다. 지겹고 힘든 게 당연하다. 그런데 글쓰기 쌤은 자꾸 뭘 생각하란다. 그걸 또 공책에 쓰란다. 키보드도 아니고 손으로 쓰란다. 헐. 학교에서도 안 하는 걸 글쓰기 수업에서 하란다. 글쓰기 하는 자리는 자기들이 원해서 온 데가 아니다. 의욕도 없고 재미도 없다.

아이의 삶은 헐렁한 게 좋다. 초등 저학년이라면 특히 그렇다. 남아도는 시간이 많아서 '뭐하고 놀지?' 생각하다가 그림이 좋으면 아무 종이나 들고 와서 쓱쓱 그리고, 레고 조립이 좋으면 계획 없이 아무거나 만들고, 피아노가 좋으면 교본 없이도 띵동띵동 쳐보기도 하고. 아이들은 심심한 시간을 스스로 채울 줄 안다. 어렸을 때 시간이 남아돌던 내 딸은 친구들과 놀이가 끝나고 나면 방바닥 뒹굴기를 하면서 혼자 놀았다. 일하느라 늦게 오는 엄마를 기다리면서 떼굴떼굴 이리 왔다 저리 갔다 굴러다니며 방안의 먼지를 제 옷으로 걸레질하고, 반질반질 닦아놓은 커다란 거울에 손바닥 찍기를 하면서 혼자 놀았다. 강아지 발바닥 같은 둥그런 모양, 다섯 손가락을 쫙 벌린 모양, 손가락 두 개나 세 개를 모아서 찍은 모양, 찍어놓은 그것들을 입김 호호 불어서 번진 형태로 만든 모양들을 거울 안에 잔뜩 만들어놨다. 혼자서도 잘 노는 아이가 기특하기도 하고 기다림에 지친 듯한 아이 처지가 안쓰럽기도 하고. 나는 아이에게 다가가 두 팔을 활짝 벌려 안아주었다. 아이는 뜻밖의 포옹을 받고 헤벌쭉 웃으며 내 품에 파고들었다.

여유는 게으름에서 온다고 했다. 아니, 게으름은 틀린 말이다. 여유는 자유로움에서 온다. 자유로움은 '쓸데없는 짓'을 하게 만든다. 쓸데없는 그 짓은 종종 창의성이 된다. 그러나 공부 잘하는 아이들은 그럴 여유가 없고 쓸데없는 짓을 하는 아이들은 문제아로 찍힌다. 그런 현실이 나는 슬프다. 아이들이 원하는 건 별스럽지 않다. 고집부리고 반항하고 소소하게 사고 쳐서 걱정 끼쳐도 아이 말에 귀기울이고 마음에 눈을 맞추면 건강하고 여유로운 모습을 잃지 않는다.

원하는 걸 뭐든지 다 받아주라는 게 아니다. 의견을 존중하는 것과 원하는 것 마음대로의 차이는 구분하는 게 좋다. 나는 그것을 중등 2학년 여학생에게 배웠다. 아이는 친한 친구들과 다시 온다며 하던 팀을 그만두었다. "연락드릴게요." 하더니 정말로 연락을 했다. "애들 모였는데 선생님 한번 만나셔야죠." 당황했다. 팀은 보통 엄마들이 꾸린다. 연락을 받으면 나는 설명회를 연다. 아이 말은 자기들과 그 설명회를 하자는 거다. 뭔가 꺼림칙했지만 스터디 카페로 약속을 잡았다. 똘망똘망해 보이는 여학생 4명이 거기 있었다. 반에서 5등 안에 들어가는 특목고 지망생들이라고 했다. 시간이 순조롭게 잡혀서 시작은 했는데, 집에서도 엄마들은 볼 수 없었다. 수업하는 날 아이들 집은 그대로 교실이 됐다. 모든 진행과 처리가 아이들 중심이었다. 수행 활동 보고서 지도, 특목고 대비 활동, 테이블 정리와 간식 먹을 것까지 전부 저희들끼리. 엄마들과 면담은 언감생심이었다. 엄마들 간 시간이 맞지 않았다. 전화로만 간단히 간신히 겨우할 수 있었다. 딱히 문제라고 할 건 없었는 데도 내내 기분이 불안하고 찜찜하기만 했다. 6개월쯤 후. 팀을 꾸린 아이가 전화를 했다.

"선생님, 애들이 다른 논술로 간대요. 거기가 특목고 전문 학원이래요."

끝나는 날까지 인사차라도 전화하거나 얼굴을 보여준 엄마는 아무도 없었다. 이 경험을 아이들의 자유로움으로 기억해야 할지 아이들이 원한다고 방치한 사례로 기억해야 할지 아직도 아리송하다. 마음속 한 줌 저항감이 자유는 아니라고 느낄 뿐이다.

나는 아이들에게 이런 자유를 준다. 수업 시간이다. 글 쓰는 시간이다. 아이들에게 말한다. 얘들아, 편한 자리로 이동하렴. 앉아도 되고 누워도 돼. 글을 다 쓰면 개인적으로 와서 보여줘. 이렇게도 말한다. 어, 오늘 지민이 피곤해 보이네. 지민아, 억지로 안 써도 돼. 힘들면 잠깐 눈 감고 쉬어. 이렇게 말했다가 진짜로 자는 바람에 아이도 나도 서로 무안했지만, 그래야 한두 번이다. 아이들도 예의를 안다. 배려해준 선생님을 생각하며 다음부터는 피곤해도 참는다.

나는 또 이런 말도 한다. 얘들아, 수업 시간은 실패하는 시간이야. 가르쳐준 거 생각하면서 쓰되 할 수 있는 만큼만 해. 작가들도 자기 글 엄청 고치거든. 잘 쓴 글은 이 시간에 나오지 않아. 이 시간은 선생님 말을 적용해보고 이해하는 시간이니까 마음 편히 해.

아이들이 글을 쓸 때 나는 멀찍이 떨어져 앉는다. 굳이 이렇게 저렇게 지시하지 않아도 아이들이 알아서 한다. 글이 안 풀리면 와서 묻고 자리가 불편하면 다른 데로 옮긴다. 호기롭게 바닥에 눕다가도 오래 못 간다. 불편한 자세를 고수할 바보들이 아니다. 글이 미완성일 때도 있지만 자주 있는 일은 아니다. 몰라서 못 한 거면 도움을 요청하고 시간 부족이라면 다음번엔 속도를 낸다. 나는 그저 기다리다가 마무리하면 된다. 이런 방식이 아직까지는 잘 되고 있다. 할 건 하고 지킬 것은 지키고. 아이들도 나도 범위 안에서 자유로울 권리를 맘껏 누린다.

덕분에 나는 믿음이 있다. 아이들은 그 자체로 능동적이고 자유로운 존재라는 거다.

부모 자식 사이에도 '객관적인 거리'는 중요하다.
너무 가까우면 전체를 못 보고 너무 멀면 사랑을 잃는다.

쓰기를 가르치며 인생을 배웠습니다

부모라는 존재

여섯 살 아이가 나에게 물었다.
"엄마는 어떤 때 외로워?"
외로움을 알기에는 너무나 어린 나이. 뜻밖의 질문을 받고 아이를 바라보며 나도 물었다.
"좋아하는 것과 헤어질 때. 너는 언제가 외롭니?"
"친구들이 나랑 멀어질 때."
다니는 스포츠센터에서 최근에 겪은 일인 듯했다. 아이 등을 쓰다듬으며 속으로 말했다.
'외로울 때면 엄마한테 오렴. 눈 돌리면 있는 곳에 항상 있을게.'

나는 언제나 아이의 보호자로 있고 싶었다. 가장 힘들 때, 가장 지칠 때, 어디로 가야 할지 방향을 상실했을 때 아이가 제일 먼저 떠올리는 사람이 나이기를 바랐다. 자식하고 친구가 되고 싶다는 부모들을 많이 봤지만, 부모란 한편으론 아이의 인생 선배다. 피치 못하게 아이를 혼낼 때도 있고 훈육할 때도 있고 결정을 대신할 때도 있는 법. '친구처럼' 다정할 순 있어도 '친구'는 될 수 없다는 게 내 생각이다. 이를 혼동하면 파란은 어쩔 수 없다.

중학생 때 외국에 나가 귀국 후 특례입학으로 외고에 간 아이가 있었는데, 이 아이네가 그랬다. 부모는 물론 집안 친척 대부분이 '명문대' 출신에 전문직 종사자라고 했다. 외고 진학은 집안의 경사이자 자랑이었다. 하지만 아이는 성적이 좋지 못했다. 1학년 내내 성적이 오르락내리락하더니 2학년 때 아예 하위권이 되는 바람에 어린 시절 꿈이었던 미술로 진로를 바꿨다. '명문대'는 언감생심이고 '인 서울' 대학도 힘든 상황에서 그것이 최선이었다. 화목하고 자유로운 집안에서 원하는 대부분을 충족 받고 살던 아이다. 이번에도 그럴 줄 알았다. 아니었다. 아빠의 강한 반대가 아이를 몰아세웠다.

"너한테 들인 돈이 얼만데 무슨 말도 안 되는 소리야. 미대는 무조건 다 받아준대? 가려면 너 알아서 해. 하지만 경고하는데, 너 대학 떨어지면 얼굴 들고 다니기 힘들어. 각오 단단히 해."

충격받은 아이는 울부짖었다.

"아빠라는 사람이 어떻게 그래요. 우리는 친구니까 뭐든 함께 의논하자 해놓고 어떻게 그러냐고요. 저 외고 간 것도 엄마 아빠가 가라고 해서 간 거지 제가 원한 거 아니었어요."

흔히들 자식은 부모의 소유물이 아니라고 한다. 그러나 한 번쯤 되돌아보자. 소유 개념 없이 자식을 대한 적이 있기는 한지. 아이의 행복을 바라는 그 마음이 실은 부모의 욕망은 아니었는지. 독립된 개인으로 아이를 보기보다 집안에 대한 책임과 도리를 요구한 건 아니었는지.

부모 자식 사이에도 '객관적인 거리'는 중요하다. 너무 가까우면 전체를 못 보고 너무 멀면 사랑을 잃는다. 서로를 온전히 바라보되 각자 독립적으로 존재할 만큼. 객관적인 거리란 그런 정도다. 그러나 자주 잊는 것 같다. 인생의 중요한 선택에서 대화로 마음을 모으는 집보다는 상처뿐인 갈등을 만드는 집이 더 많은 듯하다. 아이 마음을 알아주기보다는 '귀한 내 자식이 어떻게 그럴 수 있나!' 한탄하는 부모들을 많이 보았다.

경우는 다르지만 나 역시도 그랬다. 딸에게 책을 읽어주고 미술관이나 공연장을 함께 가는 건 즐거웠지만, 공부와 관련해서는 답답해 하고 화를 낸 적이 얼마간 있다. 초등 3학년 때였나. 아이가 답사 보고서 대회에 학교 대표로 선출되었다. 고장의 역사학자와 신도비라든가 향교 같은 문화유적지를 답사한 후 글과 사진으로 보고서를 쓴 다음 다른 학교 대표와 선생님 들 앞에서 발표 대회를 치러야 했다. 뭐든 제법 잘해온 터라 보고서 쓰는 법을 알려주고 아이에게 맡겼다.

"상 안 타도 괜찮아. 할 수 있는 만큼 스스로 해봐."

내 생각만 했던 것 같다. 아이 표정이 울상이었다.

"엄마, 하나도 모르겠어. 같이하면 안 돼?"

이 또한 배우는 기회다 싶어 옆에 앉았다. 어느 것도 쉽지 않았다. 보고서 쓰는 법을 이해하는 데만도 시간이 오래 걸렸고, 자료들을 읽고 필요한 걸 추려내고, 순서에 따라 자기 언어로 글을 쓰기까지 과정이 험난했다. 한 시간, 두 시간, 세 시간. 이렇게 하라고 알려준 걸 저렇게 하는 일이 빈번해졌다. 슬슬 짜증이 밀려오면서 빨리하지 못하는 아이에게 화가 나기 시작하더니 어느 순간 나도 모르게 큰 소리가 튀어나왔다.

"가르쳐준 걸 왜 자꾸 틀려. 정신 똑바로 안 차릴래."

아이가 뚝뚝 눈물 흘렸다. 내 얼굴은 화끈 달아올랐다. 잘못이 있다면 학교와 나에게 있다. 보고서를 안 배운 학년은 대표 선출에서 제외했어야 했고, 선출되었을 때 나는 그걸 거부했어야 했다. 아이에 대한 고려 없이 해야 할 일을 하지 않고는 오히려 아이를 나무라다니. 퍼뜩 정신을 차려 부드러운 목소리로 사과하고 토닥여줬다.

"소리질러서 미안해. 엄마가 잘못했어. 우리 조금만 더 힘내서 마무리하자."

그날의 고생은 대회 수상으로 보답받았다. 기쁘지만은 않은 게 그 경험이 아이에게 어떤 기억으로 남을지 알 수 없었다.

공부 잘하고 재주 많고 쾌활하고 친구랑 잘 지내는 자식이라면 사랑하지 않을 도리가 없다. 그런데 반대 상황이라면? 공부는커녕 뭐 하나 뾰족하게 잘하는 것도 없고 미래에 대한 꿈도 없다면? 허구한 날 게임 하느라 방에만 틀어박히고 친구들과 어울려 돈이나 쓴다면? 수시로 반성문을 쓰는 학교폭력 가해자여서 엄마도 수시로 학교에서 호출받는 상황이라면? 화내지 않고 품어줄 부모가 과연 얼마나 될까?

「벨파스트」라는 영화가 있다. 북아일랜드 수도 벨파스트는 1969년 가톨릭과 기독교 간 종교 내전이 있던 곳이다. 30

년간 사망자가 약 3700여 명. 실업난. 물자 부족. 다정한 이웃과의 단절. 골목길 놀이터를 잃어버린 아이들. 폭력과 테러는 일상이지만 주인공 가족은 웃음과 대화를 잃지 않는다. 그러나 폭격이 난무하는 곳에 희망이 있을 리 없다. '아빠'는 영국의 직장에서 좋은 조건을 제안받고 가족과 함께 떠나려 한다. '엄마'는 동의하지 않는다. 집안 대대로 살아온 고향 땅이다. 정신과 영혼이 깃든 곳을 그렇게 간단히 떠날 수 없다. '나의 집, 나의 현재, 나의 미래, 나의 벨파스트…' 그런 심정이다. 결국 떠나야 했을 때 병이 든 '할머니'만 홀로 남는다.

"가거라. 뒤돌아보지 말고. 사랑한다."

기다림은 부모가 짊어진 숙명인 걸까? '할머니'는 의연하게 손을 흔든다. 다시 볼 날이 막막한 데도 앞날을 기원하는 마음뿐이다. 부모란 그런 존재다. 다만 부모는 자식의 고향 땅이다. 돌아올 수밖에 없을 때, 돌아오고 싶을 때를 위해서 고향 땅의 문을 닫지 않는다. 가끔 이혼 가정 부모들을 수업에서 만나면 한결같이 이런 걱정을 한다.

"같이 살지 못하는 데도 아이가 저를 기억할까요?"

"그럼요. 그 자리에 있어 주세요. 부모는 아이의 고향이니까요."

돌아오는 곳. 부모란 그런 존재다.

아름다운 이별이란 헤어질 때 마음을 위로하고
격려하는 데 있다. 나름의 의식까지 마치고 나면
이별은 마치 선물처럼 남는다.

아름다운 뒷모습

가야 할 때가 언제인가를
분명히 알고 가는 이의
뒷모습은 얼마나 아름다운가.

이렇게 시작하는 이형기 시인의 시 「낙화」를 볼 때마다 그런 뒷모습을 언제 보았던가? 자문하게 된다. 내 기억 속 뒷모습은 애잔하거나 쓸쓸하고, 처량하거나 구슬프다. 서운하거나 화가 나고, 뒤돌아 세우고 싶을 만큼 아쉽거나 마음이 아프다. 매주 한 번 만나던 아이들과 헤어질 때 특히 그렇다. 아이들은 '가야 할 때가 언제인가를' 알지 못한다. 그런 결정은 사교육 일정을 관리하는 엄마들 몫이다. 초등학교에서 중학교, 중학교에서 고등학교 시기 아이들은 조심스럽다. 3~4년을 함께한 사이라면 헤어짐이 다정해도 좋을 텐데 가끔 마지막이 씁쓸할 때가 있다.

아름다운 이별이란 헤어질 때 마음을 위로하고 격려하는 데 있다. 나름의 의식까지 마치고 나면 이별은 마치 선물처럼 남는다. 초등 3학년부터 중등 1학년까지 4년간 함께했던 여학생 6명이 이사와 이민으로 뿔뿔이 흩어지게 되었을 때 내가 그랬다. 마지막날, 우리는 마당 탁자에 둘러앉았다. 함께 음식을 먹으며 지난 날을 회상했다. 박물관에 견학 갔던 일, 도서관과 서점으로 나들이 갔던 일, 칭찬을 듣고 수업이 더 즐거워졌던 일, 책 수업하는 날 안 읽은 아이들 때문에 혼이 났던 일, 친구의 장점을 글로 쓰면서 작은 선물을 주고받던 일, 수업 시간에 영화를 봤던 일. 모든 이야기가 아름다운 추억이었다. 나도 모르게 눈시울이 뜨끈해져서 아이들 한 명 한 명을 안아주었다. 이민가게 된 아이는 내 품에 안겨 "선생님 보고 싶을 거예요. 편지 드릴게요." 하면서 눈물 흘렸다. 곁에 있던 아이들이 덩달아 훌쩍거렸다. 부드러운 바람이 흐르던 봄날이었다. 그 속에서 우리는 파르르 몸을 떨었다. 아쉬움으로 마음이 서늘했지만, 기억한다. 우리의 마지막은 따뜻하고 다정하고 아름다웠다.

기억하는 또 다른 마지막은 옷깃을 여미듯 단정한 아름다움이었다. '애가 선생님을 너무 좋아해서.' 우리는 그런 이유로 헤어졌다. 초등 5학년에 팀 수업을 하다가 중학교 때 개인 수업으로 전환한 재희라는 여학생이다. 아이는 주관이 뚜렷하고 활달한 성격이었다. 덕분에 팀의 독서토론은 언제나 활기에 넘쳤다. 『어린이 공화국 벤포스타』라는 책을 읽었을 때다. '거기 가서 살고 싶어요.' '벤포스타는 거짓말 같아요.' '실바 신부님은 성자나 다름없네요.'라는 감상이 이어질 때 재희는 이렇게 말했다.

"그 당시 아이들에게 벤포스타는 이상향이었어요. 그런데 과학이나 의학, 예술과 철학처럼 전문적인 지식과 기술이 있어야 발전도 하잖아요. 벤포스타 경험은 생계를 해결하는 수준밖에 안 되는 것 같아요."

일리 있는 말이었다. 벤포스타는 1956년 에스파냐의 프랑코 독재 정권 시절에 설립된 지구상 유일했던 어린이 자치 공화국이다. 빈민 구제에 뜻이 있던 실바 신부와 15세 이전 열다섯 명의 소년들에 의해 설립되었다. 모든 운영이 아이들 관할이었다. 학업과 일을 병행한다는 원칙에 따라 오전에는 공부, 오후에는 운영 활동을 했다. 정치와 행정, 치안과 질서 유지, 식량의 자급자족 및 생산과 경제 활동 등 국가 유지에 필요한 전 과정이 아이들에 의해 이루어졌다. 그럼에도 전 세계 2천 명에 가까운 소년들이 자발적으로 찾아오는 평화롭고 민주적인 나라로 발전해갔다. 역사상 유례없는 낙원이었다. 그러나 한계가 분명한 것도 사실이었다. 독재 치하에서 벤포스타 아이들은 고아나 다름없었다. 삶의 책임과 의무에서 결코 자유롭지 못했다. 재희는 이곳 아이들이 더 많이 행복하고 더 높이 향상되기를 바랐던 거다.

생각이 깊으면 걱정이 는다. 재희는 고등학생이 되자 진로와 실존이라는 고민에 빠져들었다. 나는 대답을 책으로 대신했다. 최인훈의 『광장』, 조지오웰의 『1984』, A.C. 그레일링의 『존재의 이유』 등. 대부분 관습을 거부하고 주체적인 삶의 길을 제시하는 내용이었다. 책 속에서 재희는 서서히 깨어났다. 엄마는 그런 책들이 지나치게 앞서간다고 느낀 듯하다. 재희를 통해 가정사가 드러나는 것도 부담이었던 것 같고.

마지막 수업은 『나는 사고 싶지 않을 권리가 있다』라는 프랑스 소설이었다. 섹스, 임신, 그로 인한 탈선과 방황, 소비주의에 물든 사회를 향한 저항. 십 대인 주인공은 거칠고 격렬한 경험을 통해 정의에 눈을 뜨고 주체적이고 자유로운 인간으로 거듭나게 된다. 감동받았던 모양이다. 이렇게 말했다.

"어떤 미래를 꿈꾸든 현실 감각은 꼭 필요하다고 생각했어요. 대학에서 사회학 공부를 하고 싶은데, 그러기 전에 주인공처럼 온몸으로 현실을 겪어보고 싶어요."

"재희는 어디서든 잘할 거야. 너 자신을 믿어."

아이 손을 잡고 토닥토닥 등 두드려 주었다. 재희 엄마는 마지막으로 이렇게 인사했다.

"그동안 고마웠습니다, 선생님. 덕분에 재희가 많이 성장했고 실력도 좋아졌어요."

오랜 세월 글쓰기 쌤의 삶에서 이런 이별은 드문 일에 속한다. 못지 않게 반대의 이별도 드물게 있다. 영어 캠프 참가로 휴강하면서 돌아오면 연락한다더니 결국은 아무 말 없이 사라져버린다거나, 한 달 수업료가 개시되는 날 수업 시작 30분 전에 다른 학원에 가게 됐다고 전화로 통보하거나, 개인적 사유로 결석하면서 수업료 감면을 안 해줬다고 그만두거나. 나쁜 일은 좋은 일보다 오래 남는다. 그때의 이별은 무척 슬프다. 하지 못한 것들이 가슴을 친다. 글쓰기 수업 몇 년으로 획기적인 향상은 불가능하다. 아이들과는 언제나 미완의 상태에서 헤어지게 된다. 완성이 아니라면 완결이라도 하고 싶은 게 내 마음이다. 마지막인 걸 아는 상태에서 마지막으로 수업하고 마지막으로 제대로 인사하면서 끝내고 싶다.

'자기소개글'로 첫 수업의 문을 열듯이 마지막 수업도 그에 맞게 문 닫고 싶다. 내가 꿈꾸는 마지막은 「낙화」 4연에 나타난 그 모습이다.

헤어지자
섬세한 손길을 흔들며
하롱하롱 꽃잎이 지는 어느 날

뒷모습은 아름답게, 마무리는 섬세하게. 아무리 작은 만남도 그 정도 예의는 지키고 살면 좋겠다. 상황에 맞는 그러한 처신은 아름다움에 관한 감각에서 나온다. 표현을 달리하면 사려깊은 생각과 따뜻한 배려심이다. 사람은 '섬'이라고 한다. 사람과 사람 사이 오가는 연락선에 마음을 담아야 한다.

궁금하다, 문득. 나의 뒷모습은 어떤 표정을 담고 있을까?

산다는 것

나는 또 슬렁슬렁 집을 향해 걸었다.
여전히 사람 하나 없는 일요일 오후의 한적한 동네.

쓰기를 가르치며 인생을 배웠습니다

디지털 시대 아날로그 삶

잠옷 위에 실내용 가운, 긴 잠바를 대충 걸치고 집을 나섰다. 꾀죄죄한 몰골은 모자로 대충 가리고. 양말이 다 뭔가. 맨발을 털부츠에 낑겨 넣었다. 일요일 오후 4시. 한동안 단조로웠던 일상을 접고 오랜만에 동네 구경을 나섰다.

날씨가 푸근했다. 솜틀집에서 갓 나온 솜이불처럼. 어깨에 솜이불 걸치고 10분 거리에 있는 주택 단지 쪽으로 걸음을 옮겼다. 오가는 사람이 아무도 없었다. 흥얼흥얼, 휘적휘적, 슬렁슬렁. 콧노래가 절로. 발걸음은 가볍게. 일 아니면 집만 오가던 퍽퍽했던 일상에 흥이 나고 있었다.

외국인들이 자기 집 창고에서 안 쓰는 물건들 모아 벼룩

하는 걸 볼 때마다 한 번쯤 가보고 싶었다. 그날 가는 곳이 바로 그런 데. 동네의 낯선 이웃이 자기 집에서 벼룩을 연다고 동네 온라인 카페에 소식을 올렸다.

사람들로 북적이는 풍경을 상상했었다. 사고 싶은 물건을 다른 사람이 먼저 잡으면 어떡하지, 걱정도 했다. 무색하게도 집 앞은 고요하기만 했다. 마당은 대문도 없이 텅 비어 있었고 그네만 홀로 흔들거렸다. 엉거주춤 서서 기웃거리다 마당을 가로질러 현관 앞까지 걸어가 유리문 앞에서 안을 살폈다. 그제야 수더분한 인상의 아주머니가 나와 반갑게 맞아주었다.

"안녕하세요? 벼룩 오셨어요? 들어오세요. 날이 추워서 안에서 해요."

통통통 튀는 기분 좋은 목소리였다.

"아, 안녕하세요. 실례지만, 그럼 들어갈게요."

순간 살짝 후회했다. 좀 꾸미고 올걸. 게다가 맨발! 나도 모르게 오므려지는 발을 꼬물거리며 얌전히 신발을 벗었다.

와~! 눈앞에 펼쳐진 풍경은 그야말로 진수성찬이었다. 식탁과 콘솔, 소파 위, 바닥에까지 풍요로운 잔칫상. 아이들 옷가지며 신발, 장난감, 머리핀, 동화책 꾸러미들. 나무나 도기로 만든 그릇과 국자, 접시들. 손뜨개 한 블랭킷과 러그, 행주, 수건들. 넥타이와 장갑, 가방, 지갑, 귀고리와 목걸이, 펠트 공예품과 그림 액자들. 쓰임도 종류도 다양한 물건들이 단정하고 말끔하게 진열되어 있었다. 살림하는 재미를 아는 분이시네. 자연스레 생각이 그리 흘렀다.

"멋지네요. 아까워서 이걸 어찌 파신대요."

"애들이 다섯이라 하도 정신없어서 제가 먼저 정신 좀 차리려고요."

특유의 통통통 목소리로 주인이 말했다.

"다섯 명이나요? 대단하셔요."

"호호호~. 생기는 대로 낳다가 어느 날 보니까 다섯인 거예요. 미쳤구나 싶어서 그만 낳았죠. 방 안에도 있으니까 천천히 둘러보세요."

안 그래도 방안 책상 위 물건이 궁금하던 차였다. 문구로 보이는 하얀색 물건이 내 눈을 붙잡았던 것이다. 호치키스 같기도 하고 펀칭기 같기도 하고. 그런데 펀칭기라기엔 모양이 낯설고.

"어머, 이거 펀칭기 맞네요. 이런 거 처음 봐요. 신기한데요."

공 모양, 나비 모양, 레이스 모양, 하트 모양. 레이스만 해도 단순한 것에서 섬세한 것까지 다양하게 뚫리는 펀칭기가 열 개도 넘게 가지런히 놓여 있었다.

"애들 아빠 일 때문에 외국에 살 때 모은 거예요. 문구류를 좋아하거든요."

벼룩 주인과 나는 좋아하는 물건 취향이 비슷했다. '와, 나도 그런 거 좋아해요.'라는 말을 얼마나 자주 했는지 모른다. 맞장구칠 때마다 우리는 마주 보고 웃었다.

"아니, 이건 왜 내놓으셨어요? 너무 예쁘잖아요."

"에구, 그게 참, 남편이 선물해준 거라 저도 아깝긴 한데, 손가락이 길어서 낄 수가 있어야죠. 남편이란 사람이 어떻게 십 년도 넘게 산 부인 손을 모를 수 있어요? 몇 년 고이 간직하다가 괘씸해서 내놨어요."

말은 그래도 주인 표정에는 아쉬움이 역력했다. 왜 아니겠는가. 가죽으로 만든 그 장갑은 화사한 오렌지 색으로 비싸 보였다. 손에 껴봤다. 딱 맞았다. 살까? 짧은 순간 마음이 동했지만 이내 접었다. 욕심이었다. 멋진 장갑을 선물한 남편과 낄 수 없어 아쉬운 부인의 마음을 외면할 수 없었다. 간직하기만 해도 두 사람에겐 추억이 될 것이다. 장갑을 내려놓고 방을 나와 거실과 주방에 있는 물건 중 나무 주걱과 쟁반을 샀다. 깨끗하게 세탁한 빨간색 면 러그와 하얀색 캔버스 가방도 하나. 벼룩이니까 벼룩만큼만.

43000원. 지갑에 현금이 부족했다. 구경 간다는 생각에 지갑 속을 살피지 않은 탓이다. 주인은 흔쾌히 계좌 이체를 허락했다. 그러고는 왔을 때와 똑같은 상냥한 웃음으로 배웅해주었다. 나는 또 슬렁슬렁 집을 향해 걸었다. 여전히 사람 하나 없는 일요일 오후의 한적한 동네. 그 느낌이 좋아서 한 번 웃고 다정한 주인에 또 한 번 웃는데 슬픔이 슬몃 끼어들었다. 눈이 녹듯 스스로 사라질 그날의 경험은 얼마 안 가 신기루 같은 환상이 될 것이기에.

돈을 보내고 문자를 보냈다.
비슷한 취향의 우연한 만남, 즐거웠어요. 겨울 잘 지내셔요.

그녀도 답장을 보냈다.
저도 즐거웠어요. 겨울 어느 날 커피 한잔 하러 들러주세요.

묻혀 있던 다정한 말들이 떠오르고 무표정한 감정에 생기가 돌던 그날의 만남. 없는 게 아니었던 그 말과 감정은 해마다 겨울이면 나를 설레게 한다. 화장도 않고 파마도 안 한 채 다섯 아이를 키우면서 살림을 사는 그녀 마음의 동네는 따뜻하고 명랑하고 환히 빛났다. 그녀 마음의 동네는 사람과 사람을 모이게 하는 마법의 방이었다. 이후 그녀와 커피 한잔 할 기회는 갖지 못했다. 나는 또 일 아니면 집, 일 아니면 집, 그러고 살았고, 그녀 또한 유치원생부터 중학생까지 아이들을 먹이고 입히느라 하루하루 정신없이 살았다. 그러는 새 그녀의 여운은 엉뚱한 데로 가 닿았다. 디지털 시대에 책을 읽는다는 것, 그건 아마도 그녀 마음의 동네에 사는 것이지 않을까 하는.

2018년 미국의 퓨(Pew) 리서치 센터가 전 세계 39개국을 조사한 결과에 따르면 우리나라는 인터넷과 휴대전화 보급률 세계 1위인 국가다. 휴대전화 사용률 99%, 스마트폰 보급률 94%. 최근 상황도 다르지 않을 것이다. 더욱 놀라운 사실은 전 세계 휴대전화 사용자 10억 명 중 사용자 다수가 '아이들'이라는 점이다. 인지신경과학자들은 디지털에 익숙할수록 기억력이 떨어진다고 오래전부터 경고해왔다. 모니터 안커서의 깜박거림은 내용을 빨리 훑고 지나가라는 명령과도 같아서 사용자가 한곳에 진득하게 있는 걸 방해하기 때문이다. 그로 인한 집중력 저하, 다른 정보로 빨리 넘어가려는 조급한 심리, 깊이 읽기 능력의 저하. 이런 습관은 정보를 저장하는 능력, 즉 기억력 감퇴로 이어졌다. 그래서인지 디지털 시대 아이들에게 잘못된 행동이 자주 보인다. 펄쩍펄쩍 뛰는

메뚜기처럼 산만하거나 디지털 기기와 휴대전화 없이는 놀거리를 못 찾거나. 고요한 상황을 지루해 하고 싫증을 빨리 내거나.

나는 그렇게 생각한다. 디지털 시대에 책 읽기는 일종의 저항 행위라고. 순식간에 파고드는 디지털 폐해를 거부하는 저항 그것이라고. 저항하는 그 힘은 아날로그 정신을 내면화하는 투쟁에서 나온다. 승리한다면, 책을 읽는 정신과 고요한 내면은 우리 것이다. 온기를 나누는 다정함도 일상일 테고.

무엇을 쓸지, 어떻게 시작할지 모르겠다는 것.
글감과 시작의 어려움은 남녀노소 공통 사항이다.

쓰기를 가르치며 인생을 배웠습니다

보상 없는 일의 희로애락

한 회사의 직원 연수에 글쓰기 독서토론 강사로 초빙된 적이 있다. 진급을 앞둔 직원들의 교양 연수라 원하는 강좌를 신청 받았던 모양이다. 담당자가 놀랄 만큼 글쓰기 희망자가 많았다고 한다. 연륜이 깊어지면 내면의 표현 욕구가 강해지기 마련이다. 평균 연령 사십 대 중반. 어떤 이야기가 쏟아져 나올지 설레는 마음으로 요청을 받아들였다. 총 6개월. 매회 4시간씩 6회 강의를 배정받았다. 띄엄띄엄 한 달에 한 번꼴인데 보따리를 어떻게 풀까 생각하다가 글쓰기 4회, 독서토론 2회를 하되 매회 내용을 완결하는 식으로 강의안을 짰다.

글쓰기 첫날, 세 가지를 질문했다.

1. 나는 왜 글을 쓰고 싶어 하는가?
2. 평소 글 쓰는 기회는 어느 정도인가?
3. 글을 쓸 때 가장 문제되는 것은 무엇인가?

첫 번째 답변은 내용이 다양했다. 기안서와 공문서 때문에 스트레스가 심하다, 글을 못 쓰면 회사에서 살아남기 어렵겠더라, 말과 글을 조리 있게 표현하고 싶은데 그게 잘 안 된다, 나도 남들처럼 SNS에서 글을 잘 쓰고 싶다, 글을 쓰면서 삶을 되돌아보고 싶다, 등등.

두 번째 답변은 '혹시나' 했는데 '역시나'였다. 공적인 글 외에 사적인 글을 쓰는 사람이 전체 40명 중 10명도 되지 않았다. 그나마도 일기이거나 SNS 채널이 대부분이었고, 모두 여성이었다.

세 번째 답변은 두 가지였다. 무엇을 쓸지, 어떻게 시작할지 모르겠다는 것. 글감과 시작의 어려움은 남녀노소 공통 사항인 듯하다.

"글은 쓸수록 늘거든요. 고칠수록 좋아지고요. 쓰고 싶은 그때를 꽉 붙잡으세요. 펜을 쥐든 자판을 두드리든 그때 바로요. 완성하지 않으셔도 돼요. 메모라도 하셔요. 그런 행동이 몸에 배는 날이 언젠가는 옵니다."

끄덕끄덕 고개를 주억거리는 걸 보면서 이어서 말했다.

"시간 내에 글 한 편을 완성해보려고 합니다. 마지막 시간은 발표하는 자리가 될 거예요."

'발표라고요? 말도 안 돼요. 에이, 그러시면 안 되죠. 참으세요, 강사님.' 여기저기서 불거져 나오는 한숨 섞인 아우성을 칠판을 향해 뒤돌아서며 못 들은 척했다.

본격적인 쓰기에 앞서 세 번째 질문을 해결하는 게 급선무였다. 나이 불문하고 통하는 '16가지 글감채집법'을 알려주었다. 나만의 쓰기 방법론 중 하나인데, 살아온 바탕이 만들어준 안목 덕분에 경험이 풍부한 성인들은 습득이 빠르다. 그로써 무엇을 쓸지 모르겠다는 고민은 단박에 해결되었다.

이제 남은 건 시작하는 방법. 눈길을 사로잡고 가독성을 높이는 방법이 있기는 하다. 그러나 많지도 않은 쓰기 기회를 이론으로 채우고 싶은 마음은 들지 않았다. 그보다 좋은 방법은 글감에 있다. 내용이 저절로 우러나올 정도로 가슴으로 실감하는 글감을 찾아낸다면 문제가 의외로 쉽게 풀린다.

첫날, 원고지 5장을 넘겨 쓰는 사람은 거의 없었다. 제출하러 나올 때마다 쭈뼛쭈뼛 "꼭 내야 하나요?" 하면서 몹시도 주저하셨다.

하지만 연습만큼 알찬 시간이 어디 있으랴. 세 번째 날에는 분위기가 사뭇 달랐다. 원고지를 받으면서 도움을 요청하듯 주변을 둘러보던 눈길이 줄어들었고, 글감을 찾는 속도도 한결 빨랐다. 그러고는 이내 고요 속에 잠겨 들었다. '해보니 좀 되네' 하는 자신감, '못 쓰면 어때' 하는 자기 격려, '내 글을 누가 좀 보면 어때' 하는 배짱 있는 모습이었다.

"오늘은 제가 글감을 드릴게요. 글감은 스스로 찾기도 하지만, 주어지기도 하잖아요. 글감은 '잊을 수 없는 사람'입니다. 가슴속 깊이 내려가보셔요. 나는 왜 그 사람을 잊지 못 하나? 그 관계는 나에게 무엇을 남겼나? 감정과 주제를 드러내는 사건으로 무엇이 좋을까? 사랑, 우정, 이별, 그리움, 자존심, 성취감, 열등감…. 어떤 한 가지 감정과 기꺼이 만나보시기 바랍니다."

세상 모든 이야기는 희로애락으로 모인다. 색깔이 분명한 감정들이건만 어른의 가슴이 말하는 그것은 단순하지 않다. '희'와 '락'에는 '한'이, '노'와 '애'에는 '흥'이라는 감정이 서로 섞인다. 모르지 않을 것이다. 사랑하는 마음의 설렘과 함께 왠지 모르게 초라하고 외로워지던 서글픔의 경험을. 자식의 이쁜 짓에 행복해 하면서도 잘 키워야 한다는 책임감, 그러는 동안 뒷전으로 밀려난 자신의 욕구와 욕망에 대한 애달

픔의 경험을. 성공리에 끝낸 회사의 프로젝트 앞에서는 또 어떤가. 성취감만이 아니다. 입장 다른 상대방 눈치를 보느라 누르고 싸매 둔 자존심이 있다. 어른이니까, 책임져야 하니까, 잘하고 싶으니까 참고 견디고 극복한 입지의 시간들이 서로 겹친다. 숙연한 삶의 덩어리, 그 모양이 바로 어른의 글이다.

강의실 공간은 조용히 가라앉았다. 그러더니 어느 순간 서서히 달아올랐다. 눈동자 굴리는 소리, 호흡을 가다듬는 얕은 숨소리, 딸깍딸깍 볼펜 누르는 소리, 톡톡톡 바닥에 펜대 치는 소리. 간간이 들리는 작은 소리가 긴장된 분위기의 쉼표 같았다. 쓰는 이들의 마음을 격려하는 한줄기 바람 같기도 했다.

글에 몰입해 있는 사람들을 보면서 나는 나대로 생각의 숲길에 접어들었다. 문득 의문이 생겼다. 보상이 없는 일에 최선을 다하는 사람이 얼마나 될까? 공부를 잘하면 성적이 오르고 집안일에 힘쓰면 공간이 쾌적해진다. 일을 잘하면 승진하거나 인정받는다. 그런데 글을 잘 쓰면? 느꺼운 충만감 말고 실제적인 효용이 있기는 할까? 잠시 잠깐 삶의 윤활제나 활력은 가질 수 있다. 그러나 글 쓴 시간 대비 가성비 엄청 떨어진다. 늘 피곤하고 늘 시간에 쫓기다 보면 글을 읽고 글을 쓰는 행복은 뒷전으로 밀릴 수밖에 없을 것이다.

그러나 사람이 어디 빵에만 만족하던가. 정신적 허기를 채우려는 마음은 누구에게나 있다. 멋있고 품위 있고 지혜로운 사람. 고상하고 우아하고 교양 있는 사람. 물질적 부족이야 운칠기삼으로 친다 해도 스스로가 괜찮은 사람이고 싶은 마음은 인지상정에 속한다. 글을 쓴다면. 내면으로 들어가 생각을 살피고 성찰할 수 있다면. 그럴 수만 있다면 자기만의 언어를 가지게 된다. 그것은 세상을 재해석하는 인식의 언어다. 상식이라 하는 것을 다시 생각하고 '남들처럼'이라는 기준에서 벗어나는 통찰의 언어. 자기만의 언어는 남과 나를 비교하지 않는다. 어제와 다른 오늘, 오늘과 다른 내일이라는 삶의 지평에 집중하는 노력이 있을 뿐이다. 그런 태도를 '자기 해방'이라 보아도 좋을 것이다. 짧은 기간이나마 연수받는 분들이 그것을 알았으면 했다.

시간이 제법 흘러 마무리할 때가 되었다. 글을 들고나오는 분들마다 표정이 밝았다. 잊을 수 없는 그 사람과 오랜만에 반갑게 해후하셨던가 보다. 발그레한 홍조, 미소 가득한 입매, 고요함이 남은 얼굴 표정이 그날의 데이트가 즐거웠음을 알렸다. 제출이 거의 끝나갈 무렵 남자분 한 명이 다급하게 외쳤다.

"잠시만요, 강사님. 조금만 기다려주세요."

"예, 천천히 하세요. 다른 분들은 편안히 쉬시고요."

십여 분 후 족히 열 장은 되어 보이는 글 뭉치를 들고나오며 그분이 말했다.

"강사님 덕분에 오늘 참 행복했습니다. 글을 쓰는 시간이 산책길이었네요. 이런 기분 처음 느껴 봤습니다."

그러고는 고개 숙여 공손하게 인사를 했다. 나도 모르게 눈길이 제목을 향했다. '너무나도 눈부셨던 나의 그녀.' 손에 든 그 글은 생전 처음 보는 아름다운 꽃다발이었다.

과학자가 되고 싶어요, 의사가 되고 싶어요,
디자이너가 되고 싶어요, 유튜버가 되고 싶어요,
라는 말들. 나는 '꿈'이 아니라고 생각한다.

쓰기를 가르치며 인생을 배웠습니다

담대멸명 김밥집

집 앞 골목길에 점포들이 하나씩 생길 때마다 분식집도 한 군데 들어왔으면 했다. 수업이 많은 날은 끼니를 놓치는 게 다반사라 김밥 한 줄 사서 나가면 좋을 것 같았다. 얼마 안 가 맞춤하게도 김밥집이 새로 생겼다.

어느 날 점심 무렵, 들어갔더니 여주인은 주방에서 김밥을 싸고 있고 손님 한 명이 그 앞에서 기다리고 있었다. 화장 안 한 맨 얼굴에 생머리 질끈. 주인은 딱 새댁처럼 보였다.

"김밥 하나 주세요." 했더니 앞 손님이 있어서 10분쯤 기다려야 한단다. 마음이 급했지만, 휑한 가게 분위기가 발목을 잡았다.

먼저 온 손님에게 몇 줄이나 사시느냐고 물어보았다. 두 줄이란다. 김밥 두 줄 싸는데 10분이라…. 장사를 처음하는 분이구나, 싶었다. 서 있기가 뻘쭘해서 주인의 움직임을 눈으로 좇았다. 냉장고에서 재료 꺼내오고, 김밥 싸고, 그것을 종이 상자에 담고 상자 입구에 스티커 붙이고. 거기에 또 노란 고무줄 묶고, 그걸 또 비닐봉지에 담고 젓가락을 넣은 다음 김밥 쌀 때 꼈던 비닐장갑을 벗고 계산하는 것까지. 10분은 이미 지나 버렸다.

그녀는 손님을 보내고 다시 비닐장갑을 꼈다. 도마 앞에 서는가 싶더니 냉장고를 바라본다. 좀 전에 냉장고에서 뭘 가져왔으면서 냉장고 앞으로 다시 걸어갔다. 하는 양이 어찌나 서툴고 느리던지 조급증이 몰려와 가게 내부로 눈을 돌렸다.

먼저 메뉴판. 김밥이 메인인데 종류가 딱 두 가지였다. 오징어채 무침을 넣은 매콤한 맛, 순한 맛. 그 외에는 찐만두와 콜라, 사이다. 이런! 라면도 없고 오뎅도 없고 떡볶이도 없다. 분식집치고는 메뉴가 너무 적고 김밥집이라 하기에도 종류가 너무 적은데, 가게는 어찌나 넓은지. 이래서야 수입이 되겠나 걱정하는 마음을 눈치챘는지 김밥을 싸면서 주인이 말했다.

"메뉴가 단출하죠. 재료들 제가 다 직접 만드는 거예요."

"그렇군요. 떡볶이랑 라면 오뎅은 왜 안 하세요?"

"가게 열기 전에 다른 데 많이 가봤는데요, 떡볶이 소스 만드는 게 어렵더라고요. 라면은 꼬들한 면발이 생명인데, 주로 점심 장사라 주문이 한꺼번에 몰리면 면발이 풀어져서요."

"세상에. 그런 걸 다 생각하시다니 대단하시네요. 월세 감당 어떻게 하시려고…."

갈 길을 잊고 나는 내처 말했다. 다른 동네에 단골 김밥집이 있는데 그 집은 잡곡밥을 쓴다고. 건강 김밥으로 소문 나서 장사가 잘 된다고. 가게가 이렇게 넓은데 조만큼의 메뉴는 너무 아쉽다고. 김밥에 라면은 커플인데 라면 정도는 해야 하지 않겠느냐고. 떡볶이도 집에서 만들어 먹는 양념 정도면 되지 않겠느냐고. 그녀는 잔소리처럼 쏟아낸 내 말을 가만히 듣더니 이렇게 말했다.

"김밥 재료랑 떡볶이 소스랑 공급받아 하는 데 많아요. 저는 가게 음식 전부를 직접 하고 싶어요. 익숙해지면 차츰차츰 하나씩 늘리려고요."

"예…에. 그러시군요."

김밥을 받고 삼천 원을 내면서 '거스름돈은 괜찮아요' 했더니 그녀는 극구 돈을 내어주었다. 활짝 웃는 얼굴로 문 앞까지 따라 나와 인사도 했다. "안에 든 재료 금방 만든 거예요. 맛있게 드시고 또 오세요."

그날, 일하는 내내 말간 얼굴의 그녀가 자꾸 떠올랐다. 그녀야말로 '담대멸명'이 아닌가 생각하면서. 담대멸명은 『논어』 6편 옹야 12장에 나오는 중국 노나라 때 사람이다. 거기 그에 관한 이런 구절이 있다.

'有澹臺滅明者, 行不由徑'

(담대멸명이라는 사람이 있는데, 길을 갈 때 지름길로 다니지 아니한다.)

공자가 노나라 무성의 읍장 '자유'에게 그곳에서 훌륭한 인재를 얻었냐고 묻자 공자의 제자였던 자유가 담대멸명을 높이 사며 한 말이다. 여기서 '지름길로 다니지 아니함'은 자기 이득을 위해 성서망동하지 않는 처신을 뜻한다.

김밥집 그녀, 못지않게 드물고 귀한 사람이었다. 그녀는 매상을 올리는 것보다 부끄럽지 않은 삶이 더 중요했던 것 같다. 한정된 메뉴로 서툰 솜씨와 맛의 한계를 대신했지만, 좋은 재료로 정성껏 만든 김밥은 찰지고 신선한 맛이었다. 김밥에 품위가 있다면 그녀의 김밥이 그럴 것이다. 문득 궁금했다. 그녀는 어떤 꿈을 꾸는 사람일까? 단순히 부자가 되려는 것 같지는 않아 보였다. 그랬다면 메뉴가 그뿐이지는 않았을 것이다. 가슴에 별을 품었나? 그렇다면 도대체 어떤 별을 품었길래 그토록 담대한 걸까? 가슴속 그 별은 혹시 사막의 별처럼 크고 총총한 걸까?

과학자가 되고 싶어요, 의사가 되고 싶어요, 디자이너가 되고 싶어요, 유튜버가 되고 싶어요, 라는 말들. 나는 '꿈'이 아니라고 생각한다. 서울대 가고 싶어요, 건물주 되고 싶어요, 도 아니기는 마찬가지다. 직업이나 경제력은 '꿈'이 아니다. 나는 '꿈'을 이렇게 생각한다. 평화를 만드는 사람이 되고 싶어요, 설렘을 잃지 않는 사람이 되고 싶어요, 예술을 즐기는 사람이 되고 싶어요, 자연을 닮은 사람이 되고 싶어요, 같은 것들. 이룰 수 없거나 이루기 힘든 것을 말하는 게 아니라 개인이 처한 현실에서 가치라고 생각하는 무언가를 이루어 가는 걸 뜻한다. 나는 그것을 고등학교 역사 선생님에게 처음 배웠다. 유럽의 전쟁사에 관한 시간이었다. 듣는 둥 마는 둥 하품이나 하면서 멀뚱멀뚱 앉아 있던 우리들에게 선생님이 말씀하셨다.

"얘들아, 어른이라는 건 말이야, 자기가 속한 사회와 세계에 관심을 갖는 태도이지 나이가 아니란다. 갈대처럼 시류에 흔들리며 살아서는 절대 어른이 못 돼. 역사 공부는 세상이 어떻게 돌아가는지 알고 중심을 잡기 위해 하는 거란다."

선생님 말씀에 의하면 노나라 사람 담대멸명과 우리 동네 김밥집 주인은 모두 다 어른이었다. 담대멸명은 입신양명 이전에 옳은 길을 가고자 했고, 김밥집 주인은 매상 이전에 장사의 윤리를 지키려 했다. 개인의 가치관 이전에 정의를 실천하는 의지였다고 본다. 아이들의 꿈도 그랬으면 좋겠다. 단순히 과학자가 되겠다고 하기보다는 과학자가 돼서 평화에 기여하는 삶을 살겠다거나 디자이너가 돼서 아름다움을 창조하는 삶을 살고 싶다는 꿈을 꾸면 좋겠다. 직업이 아니라 삶의 내용을 꿈꿔야 한다. 직업은 그런 삶으로 가기 위한 디딤돌이어야지 종착지여서는 곤란하다.

김밥 한 줄의 파장이 의외로 컸다. 그녀가 보고 싶었다. 그녀의 가게 앞을 지나는 것으로 귀갓길을 삼았나. 주방 쪽 불이 켜진 채 가게는 어둠에 잠겨 있었다. 도로 갓길에 차를 세우고 싱크대 쪽으로 등을 구부리고 서 있는 그녀의 뒷모습을 바라보았다. 나는 들리지도 않을 인사말을 그녀에게 건넸다. 오늘 하루 고생하셨습니다. 편한 밤 지내세요.

집으로 들어가는 길. 아이들과 꿈에 관한 이야기를 언제 했는지 헤아려보았다. 생각나지 않았다. 내일은 아이들의 별 이야기를 들어보자 하면서 하루의 문을 닫았다.

본능은 생활이다. 충족되어야 한다. 배고프면 먹어야 하고
잠이 오면 자야 하는 것처럼 글이 고프면 써야 한다.

본능에서 생활로

아홉 살 꼬마는 '여행하며 글 쓰는 삶'을 꿈꿨다. 그 꿈이 어디에서 왔는지는 몰라도 꼬마는 자기 이름이 찍힌 원고지를 승합차에 가득 싣고 전국을 여행하며 글 쓰는 삶을 살고자 했다. 글에 대한 인식이 있기는 했는지, 작가라는 말을 들어보기는 했는지, 원고지를 본 적이나 있는지 알 길은 없으나 여행하며 글 쓰는 삶은 꼬마가 품은 최초의 꿈이었다. 아홉 살 그 꼬마, 어린 시절 내 모습이다.

수업에 오는 십 대 초반 소녀들에게 러브레터를 종종 받았다. 내용은 서툴고 수줍어도 직접 쓴 소설이었다. 읽어달라는 거였다. 말갛게 빛이 나는 소녀들 얼굴에 아홉 살의 내가 있었다. 쓰는 게 좋아서 그냥 썼다는 소녀들의 말은 이런 뜻이다. 글쓰기는 본능이에요, 선생님. 너무나 강력해서 안 쓰고는 도저히 견딜 수가 없어요.

동네 책방 글쓰기 특강에서 그 이야기를 하고 싶었다. '누구나 글쓰기 본능은 있다, 그런데 그다음은?'에 관한 이야기. 2030 세대라 해도 통할 거라 믿었다. 행사가 대면에서 비대면으로 전환되었는데도 화면 가득 얼굴들이 보였다. 다들 책상 앞인데 한 분만이 부엌 식탁에 앉아 계셨다. 사십 대라고 하셨다. 무엇이 이분을 그 자리에 앉게 했을까, 생각하며 인사드렸다.

"안녕하세요. 반갑습니다. 김예명이라고 합니다."

다들 웃었다. 나도 웃었다. 아니나 다를까, 한 분이 이렇게 물었다.

"강사님, 그러면 본명은 뭔가요?"

"하하하, 그러게요. 제 본명은 어디 있을까요?"

어디 있기는. 모르지 않다. 내 이름 김예명은 한자로는 '밝을 예(叡)', '밝을 명(明)'이다. '밝고 밝은 사람', 그게 나다. 그 '밝음'은 지혜와 명랑을 뜻하지만, '예명'에 '가명'이라는 뜻도 있는 만큼 이런 질문은 흔히 겪는 통과의례다. 어려서는 그런 이름을 지어주신 아버지를 이해하기 쉽지 않았다. 하고 많은 이름 중에 하필이면 왜 '임시' 이름을 지어주셨을까? 의문은 내 나이 마흔 살 무렵에야 풀렸다. 아홉 살 꼬마의 꿈이 엄습해왔던 그때, 꼬마의 꿈을 실현해보고 싶어 사이버대학교 문예창작과에 편입했던 그때 말이다. 잡지사 취재기자와 광고회사 카피라이터를 거쳐 글쓰기 쌤으로. 말과 글은 내가 사는 세계였다. 그러나 그곳은 꼬마가 꿈꾼 세계와는 많이 달랐다. 2년 동안 시와 소설, 희곡을 쓰면서 하루하루가 즐거웠던 그 시절, 내 안의 글쓰기 본능은 비로소 피어났다.

그러자 내 이름이 새롭게 다가왔다. 이름은 곧 정체성이다. 정체성을 잃으면 사람은 흔들리게 된다. 아홉 살 꼬마는 자기 이름이 임시인 걸 알고 본래 이름을 찾고 싶었을 거다. 꼬마는 어렴풋이나마 그 열쇠가 심연에 있다는 걸 느낀다. 본능적 예감에 따라 꼬마는 떠나는 삶을 택한다. 언제 끝날지 모르는 기나긴 이동에서 글쓰기는 방향을 겨누는 나침반이었으리라. 정체성을 찾기 위한 생존 본능. 나는 꼬마의 꿈을 그렇게 해석했다.

웃음기를 거둔 진지한 얼굴들이 화면 저편에서 고개를 끄덕였다. 이어서 이렇게 묻는 듯했다.

'그렇군요, 강사님. 그런데요?'

이어서 말했다. 본능은 생활이다. 충족되어야 한다. 배고프면 먹어야 하고 잠이 오면 자야 하는 것처럼 글이 고프면 써야 한다. 다만 글 본능은 어려움 혹은 두려움이 따른다. 젓가락질 배우는 아이처럼 연속되는 실패에 수시로 움츠러든다. 그러나 자꾸 흘리고 떨어뜨려도 하면 할수록 젓가락질이 늘듯 글 본능도 마찬가지다. 사람마다 방식은 달라도 젓가락질도 글쓰기도 언젠가는 몸에 붙는다. 글 본능의 표현은 '하루 15분 글쓰기'가 좋다. 시간은 짧아도 마음이 집중하고 마음이 글을 쓴다.

참가자들과 확인해보기로 했다. 과연 나올 수 있을까, 15분 동안? 반신반의하는 참가자들에게 '길', '나무', '나', 세 가지 핵심어를 제시한 후 이렇게 말했다.

"분량에 구애 없이 무엇이든 써보세요. 지금은 아무 생각 안 나도 펜을 쥐는 순간 손이 저절로 움직일 거예요."

20분 후. 처음과 달리 여기저기서 아쉬움의 한숨이 쏟아져 나왔다. 반면 나는 안도의 한숨을 쉬었다. '15분 글쓰기'는 언제나 모험이다. 경험이 없지 않고, 참가자 모두 매번 글을 썼지만, 같은 결과를 낙관하기에는 사람의 가슴은 다종다양 각양각색이다. 그런데 그날 역시 성공. 와우!

대면 행사였다면 글을 다 보았을 텐데 화면상으로는 한계였다. 발표를 청할 수밖에. 그중 몇 편을 옮겨본다.

12년 전 수능이 끝나던 날, 미래가 불안하고 앞이 캄캄했다. 나의 미래는 앞으로 어떻게 펼쳐질까? 대학은 갈 수 있을까? 떨어지면 어디로 가야 할까? 많고 많은 길 중에 어떤 길이 내 길일까? 나는 답을 찾지 못하고 우왕좌왕 방황했다. 미래에 대한 어떤 생각도 나지 않았다. 그러나 나는 대학에 갔고 결혼도 했고 이제 한 아이의 아빠가 되는 마음의 준비를 하고 있다. 지금 무척 행복하다. 12년 전 내 모습을 생각하면 믿을 수 없을 만큼. 이 길은 내가 만든 걸까, 나에게 온 것일까?

나는 나무를 좋아한다. 나무는 언제나 든든한 믿음과 편안한 휴식과 안전한 평화를 준다. 내가 이룬 가정과 아이들을 볼 때마다 나는 나무를 생각한다. 나는 나무 같은 사람이 되고 싶다.

나는 세상에 이름을 남기고 싶다. 나무처럼 세상을 이롭게 하는 사람으로 이름을 남기고 싶다. 그러면서도 그 꿈에서 허영의 냄새를 맡을 때가 있다. 세상에 나무는 많지만 모든 나무가 기억되는 것은 아니다. 기억되지 못하는 볼품없고 작은 나무가 훨씬 더 많다. 그렇다고 그 나무들이 가치가 없는 것은 아니다. 이름을 남기고 싶다는 내 마음은 돋보이고 싶은 마음일 것이다. 크고 멋진 나무를 꿈꾸기 전에 하루하루 충실해야겠다고 생각한다. 그러다 보면 나는 의미 있는 이름으로 기억될 것이다.

발표하신 분들에게 물었다.
"시작 전에 글이 그렇게 끝나리라고 짐작하셨나요?"
"아니요."
"완성한 글이 마음에 드시던가요?"
"네, 제가 쓴 글이 의외로 좋았어요."
"다 쓰고 나서 기분이 어떠셨어요?"
"뿌듯했어요. 마음이 차분하게 가라앉는 느낌이 좋았어요."
"네, 글쓰기는 그런 힘이 있어요. 여러분 모두 글을 잘 쓰실 수 있고, 15분이란 시간이 글쓰기에 짧지만은 않아요. 쓰실 때 고요한 마음이 명상하는 것 같지 않던가요? 그런 걸 매일 한다고 생각해보세요. 생활이 달라지겠지요."

시종일관 우울한 표정으로 계셨던 여성 분이 손을 들었다. 부끄럽지만 발표해보고 싶다고 했다.

요즘 나는 힘든 나날을 보내고 있다. 어디론가 숨어버리고 싶고 아무것에도 의욕이 나지 않는다. 이대로 가라앉아버릴 것 같은 두려움의 나날이 이어지는 동안 우울은 더 깊어지고 생활은 엉망이 되었다. 그런데 이 글을 쓰는 동안 이제는 일어서고 싶었다. 이제는 잘할 수 있을 것 같고 그렇게 생각한 순간 진짜로 잘할 수 있다는 믿음이 생겼다. 그래. 다시 일어서보자. 삶이 이렇게 흘러가게 내버려 두는 건 죄악이다.

같은 질문을 드렸다.
"글이 그렇게 끝나리라고 예상하셨나요?"
"아니요."
"완성한 글을 보니까 기분이 어떠세요?"
"왜 그런지는 모르겠는데 앞으로 제가 쓴 것처럼 될 것 같아요. 발표하면서 그런 믿음이 더 강해졌어요."

인지심리학자 스티븐 핑커는 '언어 본능'을 주장했다. 글쓰기 본능은 내가 세운 가설이다. 나는 핑커의 학설을 확인해 보고 싶었다. 글을 쓰고 싶어 하는 사람들을 만나는 동안 가설은 믿음으로 진화했다. 그분들은 슬픔과 절망을 기록한 후 일어설 힘을 얻었고 기쁨과 즐거움을 기록한 후엔 감사를 느꼈다. 본능을 충족하면 편안해지듯 글을 쓰고 나서 편안해 했다. 글을 쓰고 싶은 마음은 이유가 있는 게 아니라 본능이었다. 희한한 건 가슴속 글이 세상에 나오면 그 글이 다시 가슴으로 들어간다는 거다. 보았으니 새긴다, 각인 효과다. 그래서 나는 또 하나의 가설을 세운다. 글 본능의 생활화는 '희망'이라는 화석을 가슴에 새기는 일, 그런 가설을.

아름답지만도 더럽고 흉측하지만도 않은 세상.
그런 걸 알아가는 것도 성장 과정이다.

쓰기를 가르치며 인생을 배웠습니다

장면을 전환하는 삶의 기술

길을 걷다 문득 카페로 들어섰다. 도시의 소음이 견딜 수 없이 번잡할 때. 더 이상 가다가는 무릎이 꺾일 것만 같을 때. 여행 기차 올라타듯 훌쩍 그곳으로 뛰어들었다. 기다란 직사각 모양의 공간이었다. 그럴 수만은 없다는 듯 테이블은 원형이었고, 붉은색 벽돌로 쌓아 만든 의자가 그 앞에 놓여 있었다. 기차역 매점 같은 소박한 분위기에서 한 남자가 커피를 핸드드립 하고 있었고, 맑고 고요한 그의 표정은 잔잔한 호수를 연상시켰다. 손님은 한 테이블. 앞에 물컵만 놓인 걸 보니 그들도 온 지 얼마 안 된 듯했다. 핸드드립 남자가 목례를 했다. 적당히 밝고 적당히 어두운 인사. 카페 안은 지금 나에게 필요한 오후의 햇살을 담고 있었다. 잘 내린 커피를 손님들 앞에 내어준 다음 남자가 내 앞에 섰다.

평소라면 카페라떼를 주문했을 것이다. 하지만 방금 전 내 앞을 지나간 커피 향기가 코끝을 간지럽혔다. 드립 커피를 주문하자 남자가 물었다.

"원두는 어떤 걸로 드릴까요? 오늘은 과테말라가 신선한데요."

"예, 그럼 과테말라로 주세요."

남자는 다시 도구 앞에 섰다. 천천히, 천천히. 고개를 살짝 숙이고 주전자를 올렸다 내렸다. 자신의 동작에 집중하는 남자를 바라보는데, 영어로 말하는 소리가 나를 깨웠다. 돌아보았다. 등을 보이고 앉아 있는 손님 한 명이 소매를 걷어올리니 팔뚝의 화려한 문신을 드러내 보였다. 낯설고 이국적인, 그러나 놀랍지는 않은. 스르르 몸이 느슨해졌다. 마침 드립을 마친 커피가 앞에 놓였다.

"더 드시고 싶으면 말씀하세요. 한 번 더 내려드릴 수 있어요. 두 번째 건 맛이 밝지만, 드실만 해요."

'밝은 맛'이라. 지금 내준 커피는 어두운 맛일까. 한 모금 입에 흘려 넣었다. 신선한 원두 특유의 기름기와 함께 묵직하고 구수한 맛이 입에 퍼졌다.

"맛있네요. 두 번째 커피는 카페라떼로 먹고 싶어요."

"그러면 드립 라떼로 드셔보세요. 머신에서 만든 것보다 맛은 약해도 텁텁하지 않고 깔끔해요."

"커피 맛을 재밌게 표현하시네요. 이따가 그걸로 주세요."

커피를 마시면서 머릿속 생각들을 바라보았다. 카페 너머 도시의 소란과 오후의 찰나도 바라보았다. 이곳과 저곳의 경계라 봐야 문 하나뿐이다. 이곳의 나는 무인도 속 한 사람이고 저곳의 나는 군중 속 한 사람이다. 한 세상 건너기가 이렇게나 쉬운데 아이들은 어떨지. 생각이 며칠 전 수업 장면에서 발길을 멈췄다.

중등 1학년 소년이 초등 5학년 때 본 야동 이야기를 하고 있었다. 신문에서 통계로나 접하던 것을 눈앞에서 듣자니 나도 모르게 몸이 움찔거렸다. '내가 이러면 안 되지. 세상사 어디 이쁜 것만 볼 수 있겠나.' 놀란 가슴을 추스르고 기분이 어땠냐고 물어보았다. "쫌 그렇죠, 뭐. 그래도 그게 원래 아름다운 거잖아요." "야동을 봤다면서 아름답다니 그건 아니지." "그래도 생명을 만드는 건데 아름다운 거 아녜요?" 옆에 있던 소녀가, "화장실에서 애 낳다가 죽이는 여자도 있대요." 하고 끼어들었다. '아이고, 머리야. 그런 걸 뭘 벌써 알았니.' 속으로 또 한 번 움찔. 정신줄을 붙잡고 이렇게 말했다. "그래, 맞아. 그런 일이 있기는 해. 하지만 아주 드문 일이야. 그러니까 임신은 마음 준비도 계획도 필요한 일이야." 소년이 다시 말을 받았다. "그 뭐더라, 뭐 끼고 하면 임신이 안 된다던데." "콘돔이라는 거야. 야동 볼 정도면 그 정도는 알아야지."

고등 2학년 여학생 이야기는 좀 더 충격이었다. 아이는 외국에서 국제 학교에 다니다 왔다. 국어 시간에 인권을 주제로 토론하던 중 한 애가 동성애자 인권도 존중해야 하냐고 물었다고 한다. 천부 인권, 평등한 존재, 당연히 존중으로 흐르던 분위기가 순식간에 동성애자 마녀재판으로 바뀌었다고. 인간의 윤리를 저버린 이들, 존중이라니 말도 안 돼, 그들은 인간계를 떠나 지구 밖에서 살아야 한다…. 분위기기 힘악해졌고 아이는 교실을 뛰쳐 나와 화장실로 숨어들었다. 국제 학교 시절 그런 아이들을 알게 되었고, 좋은 친구들로 기억하고 있었던 거다. 잘못한 것 없지 않느냐, 다른 사람에게 피해준 것도 없지 않느냐. 잘 알지도 못하면서 어떻게 그런 심한 말을 할 수 있느냐, 사생활에 대한 폭력 아니냐. 아이는 분에 겨워 눈물흘렸다.

그날 수업 주제와 무관한 이야기였다. 수업하다 보면 의외의 내용으로 흐를 때가 있는데 그날이 그랬다. 아이들은 차마

발설하기 두렵고 곤란한 이야기를 어디선가 듣거나 보고 와서 풀어놓는다. 아름답지만도 더럽고 흉측하지만도 않은 세상. 그런 걸 알아가는 것도 성장 과정이다. 부모가 아이 눈 가리고 뒷골목을 지난다 해도 그 세계가 존재하는 한 언젠가는 맞닥뜨린다. 차라리 제대로 알면 좋겠다. 세상이 한쌍의 빛과 어둠인 것을. 어둠 속일 땐 빛을 향해 가고 빛 가운데 있을 때는 어둠에 대비하며 사는 것임을. 아름다운 연꽃은 진흙에서 피는 것임을. 그리고 말하고 싶다.

"얘들아, 세상을 책이라 생각하고 삶의 어두운 장면은 한 페이지 책장 넘기듯 가볍게 넘기려무나. 다음 페이지엔 다른 이야기가 펼쳐진단다."

장면 전환법. 현재를 살면서 현실을 떠나고 싶을 때 가장 빠르고 손쉬운 삶의 기술. 내가 카페 문을 열고 들어갔던 것처럼 문 하나만 열면 되는 일이다. 그와 같은 곳이 주변에 무수히 많다. 극장, 도서관, 미술관, 공연장이 그렇고, 공원을 산책하는 일, 버스나 지하철로 종점을 왕복하는 일, 안 하던 달리기를 하거나 낯선 동네로 자전거를 모는 일, 또한 그렇다. 이쪽에서 저쪽으로 위치만 바꿔도 장면이 바뀌고 세상이 달라진다. 나 역시 마음이 어둡고 지칠 때마다 그런 공간에 스며들어 장면 전환을 한다. 거기서 한참을 깃들다 돌아올 때면 엉킨 실타래가 풀리기도 하고, 미로의 출구를 찾기도 하며, 세상사 시름과 불안이 잠잠해진다. 글쓰기 쌤으로서 나의 사명은 그런 삶의 기술을 아이들에게 전수하는 데 있다.

생각에 빠져 있는 동안 내 앞에 드립 라떼가 놓여 있었다. 뽀글뽀글한 우유 거품 위로 하트 모양의 라떼 아트가 얹혀 있었다. 손님들이 달라졌고, 남자는 머신에서 커피를 내렸다. 커피를 마저 마시고 자리에서 일어났다.

"커피를 두 잔이나 드시는 손님은 처음이에요. 공간이 좁아서 로스팅 기계를 못 들여놨는데 괜찮으셨나 모르겠어요. 곧 기계 들여놓으려고요. 다음에 오시면 커피 맛이 더 좋을 거예요."

자부심이 깃든 공손한 인사. 빙그레 미소지었다. 목례를 하고 문을 나섰다. 번잡한 소음은 여전했던 것 같다. 그러나 아까의 피로감은 사라지고 없었다. 나는 내 길을 향해 씩씩하게 걸었다.

예술 앞에서는 현실과 환상의 경계가 허물어지고,
메마른 마음과 퍽퍽한 정신이 향긋하고 말랑해진다.

삶을 예술로 사는 법

수능 이전 학력고사 시절엔 대입과 고입 시험에서 체력장 점수를 반영했었다. 모든 종목이 여학생의 체력을 기죽였지만, 그중에서도 '철봉 매달리기'는 점수가 참 안 나오는 종목이었다. 34초 만점에 10초를 못 버티고 떨어지는 애들이 수두룩했다. 나는 운동에 영 소질이 없다. 속도나 기량이 필요한 종목은 어쩔 수 없다 해도 붙잡고 매달리기만 하면 되는 철봉에서만큼은 점수를 잃지 말아야 했다.

버티자. 버티자. 젖 먹던 힘까지 끌어모아 무조건 버티자. 비장한 각오로 철봉에 올라 몸 가운데로 체중을 모은 다음 눈을 감았다. 5초쯤 지났으려나. 양팔에 힘이 풀렸다. 떨어지지 않으려는 안간힘도 동시에 시작되었다. 하지만 입을 앙다물고 힘을 주면 줄수록 몸은 점점 밑으로 흘러내렸다. 아, 안돼. 조금만, 조금만 더. 지금 여긴 운동장이 아니다. 나는 지금 여행 중이다. 아름다운 풍경이 내 앞에 있다.

때마침 하얀 눈에 뒤덮인 언덕이 머릿속을 가득 채웠다. 별들은 검푸른 하늘 위에서 반짝거렸다. 걷고 있다, 나는. 몸을 한껏 웅크린 채 말없이 발을 옮긴다. 목적지는 별빛보다 가까운 불빛 쪽이다. 숨결과 온기와 따스함이 있는 곳, 마을 쪽으로. 어느 집 난로에서 모락모락 주전자가 끓고 있을 것이다. 뜨거운 김이 오르는 물 한 잔 따라 손에 쥔다면 곱아버린 손가락들이 펴질 것이다. 웅크렸던 마음도 말랑말랑 풀릴 것이다. 가자, 가자. 조금만 더 힘을 내 이 길을 걷자.

그때 눈 속 언덕 어딘가에서 삐이익 호루라기 소리가 몸을 깨웠다.

"그마안~!"

툭.

팔이 아래로 떨어지더니 철퍼덕 소리와 함께 쓰러지듯 몸이 바닥에 닿았다. 어지러웠다. 머리를 바닥에 대고 엎어져 있는데 차가운 땅의 감촉이 전해져왔다. 서서히 정신을 차리고 일어나 앉았다. 점수는? 만점! 와, 만점! 기쁨을 잠시 미루고 생각해봤다. 이게 어떻게 가능했을까? 옳거니. 현실에서 환상으로 순간이동하는 정신의 특급 열차. 상상력이라는 그것. 그렇다. 그 순간 상상은 현실보다 훨씬 강했다.

그때 그 경험이 책을 읽고 사진을 찍고 공연장 가는 걸 좋아하는 계기가 되었는지 모를 일이다. 나의 관심사는 좋게 말하면 폭 넓은 개성이고 거칠게 말하자면 중구난방 사차원이다. '어쩌라고 정신'도 투철해서 '하고 싶은데 어쩌라고.' '비겁하긴 싫어. 그게 난데 어쩌라고.' 하는 마음이 모든 행동의 바탕에 있다. 실패와 좌절이 당연히 많다. 그럴 때 나를 일세우는 힘도 '어쩌라고 정신'에 있다. 한 번뿐인 내 인생, 감당해야지, 어쩌라고, 하는.

그런 성향은 예술 세계 안에서 한층 강하되었다. 그 역할을 톡톡히 했던 두 건의 사진전을 잊을 수 없다. 하나는 시인이자 노동운동가였던 박노해 전시. 또 하나는 미국의 사진작가 애니 레보비츠 전시. 비슷한 시기에 본 것이지만 성격이 전혀 달랐고, 거기서 나는 상상력의 도약과 정신의 응집력을 강렬하게 느꼈다.

박노해가 누군가. 그는 엄혹했던 1980년대에 '사노맹 사건'으로 사형 선고를 받고 복역했다가 1998년 사면으로 풀려난 이다. 그가 마주한 세상은 이전과는 매우 달랐다. 이념은 사라지고 자본이 대신 들어와 춤을 추는 형국이었다. 그는 길을 잃는다. 그래서 길을 떠난다. 사진기 하나 달랑 메고 아시아 오지를 떠도는 방랑길에 올랐다. 15년의 그 여정은 전시에 고스란히 담겨 있었다. 그는 말한다. 시를 쓰기 위해 시인이 된 게 아니었듯 사진을 찍기 위해 사진가가 된 것은 아니었다고. 사진의 길이 순리였던 것일까? 세상과 삶에 대한 그의 시선이 한결 부드러웠다. 개인의 가난과 고통은 풍경으로 찍고 그 내용을 극사실의 오브제처럼 글로 푼 그의 전시는 세상에는 이런 삶도 있다고, 우리 모두 알고나 있자는듯 깊고 구체적인 연민으로 출렁거렸다. 그래서였을 것이다. 다음 작품을 보기 위해 앞을 향해 걸으면서도 시선은 자꾸 뒤를 향했다. 현실의 외형은 사진으로, 현실의 이면은 글로. 사회 개혁 운동가였던 박노해가 사진 예술이라는 새로운 방식으로 세상과 다시 연대하는 모습을 바라보았다.

레보비츠 사진은 피사체에 깊숙히 다가간 근접 촬영이 많았다. 하지정맥류가 도드라진 무용수의 다리, 소나무 껍질처럼 거칠고 깊게 팬 얼굴의 주름, 내면을 꿰뚫는 듯한 형형한 눈빛, 옷을 입고 있어도 벗은 듯하고 벗고 있어도 입은 듯한 본질에 충실한 인물의 전신…. 단순한 배경, 그로 인해 강조되는 부분의 모습. 그녀의 사진은 불꽃이나 다름없었다. 레보비츠는 박노해와 달리 처음부터 사진가였다. 인지도 높은 대중예술 잡지 수석 기자가 출발이었다. 정치가와 기업가, 예술가와 운동선수 등 주로 셀러브리티를 찍으면서 유명해졌다. 그러나 소설가이자 평론가이며 사회운동가인 수전 손택을 만나면서부터 변화하게 된다. 두 사람은 15년간 교류하였다. 그러는 동안 레보비츠는 보스니아 사라예보 내전 현장을 사진 기록으로 남긴다. 급격하다고밖에 할 수 없는 변화에 대해 그녀는 이렇게 말했다. "예술 사진과 상업 사진의 경계는 중요하지 않다. 나는 그저 나에게 의미 있는 것을 찍을 뿐이다."

일생을 뒤흔든 거대한 반전, 박노해와 레보비츠 전시는 그것이었다. 그들은 과거의 가치로부터 새로운 의미를 발견하고 앞으로 나아간 사람들이다. 드물고 귀한 예술가 정신. 예술이 존재하는 바로 그 이유.

예술이란 그런 것 같다. 혼자서는 겪을 수 없고 다 알기 힘든 삶의 속살을 보여주는 것. 알아야 할 것과 알고 싶은 것을 미학적 방식으로 보완하는 것. 그 앞에서는 현실과 환상의 경계가 허물어지고, 메마른 마음과 퍽퍽한 정신이 향긋하고 말랑해진다. 그러므로 예술의 환영이 찾아온다면 나는 기꺼이 따르려 한다. 가슴을 활짝 열고 기쁘게 맞으려 한다.

어느 날 그런 생각이 들었다. 나는 이미 예술의 환영을 만났던 게 아닐까? 철봉에 매달려 밤길 눈 속을 걸었던 그때가 예술의 환영은 아니었을까? 그렇다면 내 삶이 예술일 수 있지 않을까? 이후 나는 삶의 매 장면을 연극의 막처럼 구분해서 살았다. 엄마였다가 선생님이 되고 여자였다가 남자가 되며, 주방의 최고 요리사였다가 단체에서 깃발 드는 행동가가 되었다. 싸우는 수탉이었다가 수탉의 발톱에 갈가리 찢기는 들쥐가 되었고, 글을 쓰는 작가였다가 사진을 찍는 작가가 되었다.

그러자니 막과 막 사이 감정 관리가 중요해졌다. 화 내다가도 금세 환하게 웃을 줄 알아야 했고, 슬픔과 우울에 잠기다가도 담담하고 편안하게 바꿀 줄 알아야 했다. 어떤 일을 하기에 앞서 늘 감정부터 살폈다. 딱딱한 상태인지 습습한 상태인지 눈치 먼저 본 다음 곧 있을 역할에 어울릴지 바꿔야 할지를 꼼꼼하게 따졌다.

수업은 날마다 있다. 글쓰기 쌤이라는 배역을 충실하게 해내야 한다. 지치고 무감한 상태로 무대에 오르는 건 있을 수 없다. 나는 나에게 온 이들에게 예술 작품 같은 삶의 촉매제이고 싶었다. 외부에서 인정받는 것보다 중요한 나만의 내부적인 요구였고, 나에 대한 존중이었다. 나는 인생의 주연 배우라는 역할을 탐냈던 거다.

  삶을 예술로 사는 법? 나는 이렇게 생각한다. 어떤 자리에 서든 어떤 역할이든 몰입하고 집중하고 충실하면 된다고.

웬만하면 가르치는 일만은 안 하고 싶었다.
선생님에 대한 좋은 기억보다 나쁜 기억이 더 많았고,
나처럼 개인적인 사람이 누굴 가르치겠나 하는 의문도 있었다.

타인은 끝내 타인이 아니다

글쓰기 쌤이 된 건 순전히 우연이었다. 예기치 않은 임신과 출산, 그로 인한. 내 결혼 자체도 우연으로부터 자유롭지 않다. 결혼은 내 인생에 없는 항목이었다. 내가 만약 유학을 준비하는 동안 직장에서 연애라는 걸 하지 않았더라면. 그 사람이 나에게 첫 남자가 아니었다면. 결혼하자마자 그렇게 빨리 아이가 오지 않았더라면. 지금쯤 나는 다른 일을 하고 있을 것이다. 한 번의 선택이 평생을 좌우한다고? 인정한다, 이제는. 중요한 선택을 우연히 하게 되면서 인생이 통째로 달라졌으니까.

나쁘지만은 않았다. 임신 7개월의 부른 배로 지방 취재를

갈 정도로 일을 즐겼고 내 생활이 있었다. 어리숙한 엄마였지만, 아이는 마냥 사랑스러웠다. 하지만 그간 해온 일은 무리수가 많았고, 아이가 만 세 살이 될 때까지 옆에 있고 싶기도 했다. 그렇게 했다. 다시 일하고 싶었을 때 갈 곳도 할 것도 더는 없는 경력 단절 여성이 될 거라는 건 까맣게 잊은 채로 말이다.

현실적으로 일이 필요한 상황이었다. 날마다 구직 정보를 찾아 헤매던 어느 날 글짓기 강사 모집 공고가 눈에 들어왔다. 글짓기 학원 같은 게 없던 시절이다. 글짓기에 관한 교재나 책도 없다시피 했다. 해볼 만하다고 생각했다. 글짓기는 안 배웠어도 중학생 때부터 독후감 대회며 백일장 수상을 맡아놓고 했다. 학보와 교지 편집 경험도 있고 소설과 시 창작을 배우면서 잠시 소설가를 꿈꾼 적도 있었다. 글을 쓰는 데 아이와 어른이 뭐 그리 다를까. 나는 그렇게 인생의 우연을 받아들였다.

가르치는 일이 얼마나 막중한 책임감이 있어야 하는지 모르지 않았다. 웬만하면 가르치는 일만은 안 하고 싶었다. 선생님에 대한 좋은 기억보다 나쁜 기억이 더 많았고, 나처럼 개인적인 사람이 누굴 가르치겠나 하는 의문도 있었다. 연수 기간 내내 마음이 무거웠는데, 막상 해보니 보람과 즐거움이 있었다. 일단은 환경적으로 익숙해서 좋았다. 다양한 성향의 엄마와 아이들을 통해 내 아이를 키울 때 도움받는 것도 좋았고. 처음하는 일을 잘하는 내가 어찌나 또 뿌듯하던지. 커리큘럼 및 교재 연구 팀장이었을 때는 주말에 아이를 데리고 출근했을 정도로 신이 나서 일했다.

학교에 부적응하는 아이, 벌써부터 우울과 무기력에 빠져버린 아이, 말과 글이 서툴고 느려서 문제아 취급을 받는 아이, 다른 것을 외면하고 오로지 책만 파는 아이. 그런 아이들이 마음에 들어온 건 회사를 나와 혼자 일하면서부터다. 경험으로 알았다. 아이 잘못이 아니라는 걸. 아이를 둘러싼 환경, 즉 부모의 지나친 기대나 방임, 부부 갈등의 전이, 경제 상황에 따른 걱정 등 가정환경의 영향이 컸고, 학교에서 선생님과 급우들 간 관계나 성적 부진에 따른 압박감도 하나의 원인이었다. 그런 아이는 나도 부담스럽다. 수업에 집중할 수 있도록 어르고 달래다 보면 다른 아이는 그만큼 소홀해진다. 도무지 손뼉 치는 박자를 맞출 수 없다. 삐그덕거리는 팀워크는 팀이 깨지는 원인이기도 하다. 아이의 문제적 상황은 언제 터질지 모르는 폭탄이나 다름없었다.

그런데도 아이들을 만나면 만날수록 사명감이 생겼다. 회사를 나와 독립하자 싶었다. 나는 회사와 마음이 맞는 편이었지만, 서울 지부 한 곳에서 지사장 일을 하면서부터 내 안의 갈등에 빠져들었다. 선생님인 동시에 실적을 내야 하는 운영자. 가치가 중요했다가 실적이 중요했다가. 어쩔 수 없이 가끔은 모순 상황이다. 차라리 나만의 자리에서 지향하는 방향으로 아이들을 만나고 싶었다. 나만 잘하면, 글 쓰는 즐거움과 필요성을 알게만 해주면, 아이들은 변했다. 말과 글이 능숙해지고 자율성과 주체성이 자랐다. 자기 생각으로 의견 낼 줄도 알았다. 상황에 짓눌려 생기를 잃어가는 아이들에게 "네가 가진 어려움 앞에 주눅들 거 없단다. 생각이 바뀌면 행동도 바뀌어. 우리 같이 가자. 선생님이 네 옆에 꼭 붙어 있을게." 그렇게 말하면서 손잡을 수 있었다.

그에 맞게 행동했을까? 돌아보고 싶지 않다. 감당하기 힘들어 내가 먼저 수업을 종료하고 아이 곁을 떠난 일도 종종 있었다. 그건 그냥 내 잘못이다. 어떤 말로도 변명할 수 없다. 그런데 나 혼자 부끄러워할 때마다 아이들은 언제나 힘을 주었다.

"글쓰기 쌤은 달라요. 우리 말을 잘 들어주잖아요."

담임 선생님 흉은 봐도 나는 일으켜 세웠다. 기분이 으쓱했지만, '들어준다'고? 내가? 정말? 어려운 일이다. 상대방 상황에 전폭적으로 공감하고 이해하지 않는 한 가능하지 않다. 자기중심적인 사람이 아니더라도 듣다 보면 말하고 싶고 그만 듣고 싶을 때도 있다. 들어주다니. 흔쾌히 수긍할 수 없었다. 플로리안 헨켈 폰 도너스마르크 감독의 「타인의 삶」을 생각했다. 영화는 도청과 감시를 소재로 타인의 말을 듣고 마음이 변화하는 과정을 보여준다. 들어주는 거라면 적어도 그 정도는 되어야 한다.

영화의 시간적 배경은 1984년 베를린 장벽이 무너지기 5년 전이다. 동독 비밀경찰 비즐러는 극작가 드라이만과 배우 크리스타 커플을 도청한다. 정치적 탄압에 의한 사회적 자살 통계를 드라이만이 서독 잡지에 고발했기 때문이다. 당국은 크리스타를 연행해서 타자기 숨긴 장소를 자백받는 데 성공하지만, 크리스타는 결국 자살하고 만다. 또 한 명의 사회적 자살이다. 비즐러는 냉혈한이라 할 만큼 감정을 지우는 경찰이었지만, 타자기를 감추고 드라이만을 보호한다.

'들어주기'의 힘이었다. 권력에 복종했던 비즐러에게도 드라이만과 크리스타의 세계는 마음을 녹이고 움직이게 하는 아름다움이었던 것이다. 웃음기라고는 일절 없는 냉혹한 가슴에 사랑의 언어와 시의 언어가 흐르고 음악이 스며들었다. 드라이만이 비즐러에게 헌정한 소설 『아름다운 영혼의 소나타』는 비즐러가 도청하면서 듣다가 감동한 음악이었다. 처음

듣는 낯선 음악 앞에서 눈물을 흘릴 만큼 아름다움은 강력했고 '들어주기'는 힘이 셌다.

듣는다는 것은 침묵을 전제로 한다. 자기 말을 삼키면 타인의 말은 질문이 된다. 비즐러는 질문을 받아들였고, 삶의 가치와 자유의 의미와 행복과 예술의 정체를 느꼈던 것 같다. 생각의 상자를 풀어헤치자 그는 새롭게 태어났다. 자발적 선택이 아닌 우연이었다. 하지만 행운이 된 우연이었다. 삶이 필연이기만 하다면 그는 평생 흔들림 없이 충실한 정보국 요원으로 살았을 거다. 마찬가지다. '어쩌다 글쓰기 쌤'이 된 나의 우연도 행운이었다. 다만 나는 아이들 말에 잠깐 귀 기울였을 뿐이다. 그럼에도 나의 역할과 수업의 가치를 확인할 수 있었고, 혼자만의 판단에 자신 없을 때 중심을 잡았다. 혼자 일하는 외로움도 위로받았다. 내 인생의 우연은 나에게 이렇게 말했다.

'네가 온전해야 나도 온전하다.'

'어쩌다' 글쓰기 쌤이 되지 않았더라면 나는 평생 좁은 테두리에 사는 개인이었을 것이다. '어쩌다 글쓰기 쌤'이 되고 나서야 타인에 대한 애정과 존중과 인생을 배웠고, 소통과 협동과 조화라는 사명을 받아들였다. 수업을 준비하고 집을 나설 때마다 머릿속에 흐르는 문장을 본다.

타인은 끝내 타인이 아니다.
듣는 사람의 침묵은 아름답다.

언제까지 글쓰기 쌤으로 살 수 있을까, 요즘 나는 그 질문에 진지하다.

건강을 위해서가 아니다.
소식 하면 장수한다는 말을 믿는 것도 아니다.
그저 속이 편하고 정신이 또렷해서 좋다.

채식주의자는 아닙니다만

수업하러 가면 언제나 차 한 잔을 대접받는다. 커피일 때가 가장 많고 동양 차나 집에서 직접 달인 한방 차일 때도 있다. 커피를 좋아하는 내 취향을 알게 되면 두 사람 분량의 커피를 타다 주기도 한다. 카페라떼를 더 좋아한다고 아는 엄마는 카페에서 직접 사다 주신다. 고맙기 그지없는 공경의 마음이지만, 나는 사실 투명한 컵에 담긴 물 한 잔에 더 감동받는다. 물잔의 청결과 물의 신선도를 살펴봤을 그 마음에서 지극하고 단정한 환대를 느끼기 때문이다.

수업이 끝나면 이번엔 간식 대접을 받는다. 빵이나 과일처럼 간단한 것일 때도 있고 떡볶이나 닭튀김, 잡채나 부침개처럼 손이 많이 가는 음식일 때도 있다. 잡채나 부침개는 팀의 엄마들이 모여서 함께 만든다. 그런 날 분위기는 잔칫집 같다. 아이들은 수업하고, 엄마들은 요리하고. 그렇게 다 같이 같은 시간에 있다.

간식 시간은 즐겁다. 열심히 한 날일수록 음식이 맛있다. "쌤, 오늘 배운 독후감 형식이 어려웠어요." "쌤, 다음 주에도 빙고 게임 해요." "쌤, 다음 책은 뭐예요?" 아이들은 도란도란 둘러앉아 그날의 소감을 짧게 나누고 친구들끼리 수다를 하면서 맛있게도 냠냠 웃음꽃을 피운다. 틀림없다. 음식을 함께 먹으면 마음이 통한다. 코로나 팬데믹은 다정한 그런 시간을 빼앗아 갔다. 이제 아이들은 수업이 끝나면 집에 가기 바쁘다.

2000년대 초반에도 상황이 비슷했다. 간식 먹을 여유가 없었던 점은 동일하지만 진짜 이유는 딴 데 있었다. 1997년 IMF 외환위기 후유증과 관련이 있다. 경제적 곤궁과 일자리 문제를 실감하게 된 전업주부 엄마들이 대거 시간제 부업으로 집을 비웠다. 아이들은 학교 갔다 오면 혼자서 밥을 차려 먹거나 편의점에서 라면과 삼각김밥으로 끼니를 때웠다. 그런 다음 학원에 갔고, 학원이 끝나면 다시 편의점에 가서 끼니가 됐든 간식이 됐든 알아서 해결했다. 언론에서는 전문가를 앞세워 아이들의 거친 말투와 난폭한 행동이 편의점 인스턴트 식품 때문이라고 몰아붙였다. 구조적 모순을 외면한 해석의 오류였지만, 아이들 심성이 급격하게 변화된 것은 사실이었다. 수업 때 보면 굶고 오는 아이가 꼭 한두 명씩 있었다. 어깨가 내려가고 눈이 풀린 모습으로 의욕이 없어보이는 아이들도 눈에 띄게 늘었다. 학교가 끝나면 집에서 반겨주던 엄마를 잃고 아이들의 몸과 마음이 춥고 허기졌을 것이다. 피자, 치킨, 햄버거, 만두. 나는 엄마들을 대신해서 간식을 챙겼다. 아이들이 웃었다. 기운도 차렸다. 우리는 음식을 함께 먹으며 서로의 마음결을 어루만졌다.

하지만 어떻게 매번 그러겠는가. 혼자 음식을 먹으면서도 스스로 마음을 보듬을 수 있어야 한다. 지인 중에 생식과 명상으로 수양의 삶을 사는 오십 대 후반 남성이 있다. 그는 도인으로 통했다. 군살 없는 체격, 꼿꼿한 등, 주름 없는 팽팽한 피부와 맑은 안색, 형형한 눈빛, 날듯이 가볍고 빠른 걸음걸이. 외형부터가 특별한 사람이었다. 비결은 하루 두 끼, 생쌀과 채소와 물을 천천히 꼭꼭 백 번씩 씹어 먹는 데 있다고 했다. 그가 거짓말을 했다고는 생각하지 않는다. 물론 진의도 알지 못한다. 다만 무엇을 어떻게 먹는가, 그것은 몸과 정신에 어떤 영향을 주는가, 에 대해 생각하게 해주었다.

다른 건 몰라도 소식이라면 나도 한가락 한다. 계기는 고등 1학년 때 윤리 선생님이다. 먹성이 왕성했던 시절이었다. 2교시가 끝나자마자 점심 도시락을 까먹고 쉬는 시간마다 매점에서 빵과 우유, 과자를 사 먹고, 하교 후에는 학교 앞 분식집에서 주전부리를 한 다음 집에 가면 저녁을 먹고 이어서 간식까지 먹었다. 어느 날 윤리 선생님이 서양의 철학 사조를 설명하시면서 한마디 하셨다.

"니들 말이야, 배부른 돼지보다 배고픈 소크라테스가 돼 봐라, 좀."

'배부른 돼지', '배고픈 소크라테스'는 영국 공리주의 철학자 존 스튜어트 밀이 양적 만족보다 질적 만족을 강조하느라 비유적으로 했던 말이다. 순간 머릿속에 우리에서 오물을 뒤집어쓴 채 뭉툭한 코를 벌름거리며 먹을 것을 찾는 돼지 모습이 그려졌다. 더럽다, 혐오스럽다, 우리는 돼지와 동족이다, 라는 생각이 이어졌다. 나는 결심했다. 내일부터는 하루 두 끼만 먹어야지. 아침은 거르고 매점과 분식집은 못 본 척해야지. 뱃살이 블라우스를 헤집고 나오는 일은 절대 만들지 말아야지.

당장 다음 날부터 그러지는 못했다. 그러나 그날 결심 이후로 나는 소식하는 사람이 되어 있었다. 위장은 바보라고 했다. 아무리 많이 먹어도 일단은 다 받는다. 한꺼번에 고기 20킬로그램을 먹었다느니 핫도그 50개를 먹었다느니 하는 괴담이 그래서 만들어진다. 반대로 먹는 양을 줄이면 위장도 서서히 준다. 적게 먹어도 허기를 덜 느낀다. 나는 하루 한 끼는 탄수화물이나 단백질 중심으로 식사한 다음 앞뒤로 두부구이와 차, 곡물 빵 두 조각과 과일을 먹는 식으로 음식을 조절한다. 건강을 위해서가 아니다. 소식하면 장수한다는 말을 믿는 것도 아니다. 그저 속이 편하고 정신이 또렷해서 좋다.

소식하는 일이 진지하게 다가온 것은 중등 3학년 아이들에게 수행 평가 글쓰기를 지도하게 되었을 때다. 국어 교과서에 '먹어서 죽는다'라는 법정 스님의 수필이 실렸던가 보다. 성적에 반영되니까 하기는 하면서도 아이들은 내용에 공감하지 못했다.

"소고기 먹지 말라는데 그걸 어떻게 안 먹냐. 그럼 뭐 먹고 살라고."

"에이, 스님이니까 하는 말이지. 그걸 그대로 믿냐?"

"야, 그래도 소 돼지 닭이 지구상에서 생산되는 곡물 3분의 1을 먹는다는 건 좀 충격이지 않냐? 아프리카 애들은 굶어 죽는다잖아."

그 또래 아이들이 제레미 리프킨의 『육식의 종말』을 한국

판으로 배운다는 사실은 신선한 충격이었다. 그렇다면 돌아오는 책 수업 때 『왜 세계의 절반은 굶주리는가?』를 하지 못할 이유는 없다. 나중에 『고기로 태어나서』라는 책을 발견하고는 이 책도 일부 참고하면서 토론을 했다. 여전히 아이들은 먹성을 포기하지 않는다. 나도 채식주의자는 아니다. 앞으로도 아닐 것이다. 성장기 아이들과 중장년층에게 고기 단백질은 중요한 에너지원이다. 먹지 말자는 게 아니라 고기가 된 동물이 어떤 방식으로 사육되는지 정도는 알아야 한다고 생각할 뿐이다. 유기농 신선 식품을 선호하고 동물복지 환경을 거론하는 세상이지 않은가. 책들은 과식으로 인한 건강 문제와 육식으로 인한 생태계 파괴를 비판한다. 생존에 필요한 최소한의 음식을 먹지 못해 죽음의 늪에 빠진 제3세계 현실을 지적한다. 인간이 먹을 고기 한 점을 위해 학대당하는 사육동물의 현실을 전해준다. 덕분에 법정 스님의 사유를 심화하고 확장할 수 있었다.

먹는 일은 개인 차원의 문제만은 아니다. 어떤 음식을 어떻게 먹느냐 하는 것은 한 나라의 도덕과 윤리의식을 가늠하는 기준이기도 하다. 식탁에 오른 달걀이 동물복지 생산물인지, 식당에서 먹은 고기와 해물이 폭력의 희생양은 아닌지, 스트레스 해소를 위해 먹은 매운 맛 음식에 캡사이신이 대량

투입된 것은 아닌지 따져보는 일은 생수의 수원지를 살피거나 농산물의 유전자 조작 여부를 살피는 것과 같은 일이다. 사육동물의 마지막 호흡이 처절한 비명이었을지 담담한 순응이었을지 상상하는 것은 먹는 일을 정신적 차원으로 승화시키기도 한다. 그게 가능하다면 먹지 못해 곤경에 처한 타인의 상황을 헤아릴 수도 있지 않을까. 그 마음이 성숙해지면 내전에 시달리는 지구 어느 한 쪽의 고통을 전쟁 영화보듯이 무덤덤하게 넘기지는 못할 것이다.

    채식주의자는 아닙니다만, 그 정도는 생각하면서 살려고 합니다.

오해와 갈등을 줄이려면 그 사람만의 독특한
말투와 행동을 알아두는 것이 좋다.

'절대로'라는 말은 '절대로' 하지 않겠다

말을 잘한다면 말조심을 해야 한다. 똑같이 말 잘하는 사람을 만난다면 갈등이 생기고, 어눌한 사람을 만난다면 상처가 생긴다. 이 점을 간과하는 사람들이 의외로 많다. 따박따박 막힘없이 술술, 그렇게 하는 것이 말을 잘하는 거라고 오해하는 것 같다. 남학생보다 여학생이 좀 더 그렇고 초중등 시기에 주로 그런다.

초등 3, 4학년이 함께 있는 팀에서 그런 일이 있었다. 책상에서 다 같이 글을 쓰는데, 야무지고 똑똑한 4학년 여학생이 테이블에 마주앉은 3학년 남학생의 필통을 밀어내고 있었다. '내 자리 넘어오지 마.' 하는 행동이었다. 3학년 아이가

"아이, 참." 하면서 짜증을 내자 4학년 아이가 뭐라 뭐라 해대는 것이다. 멀찍이 떨어져서 보고 있다가 무슨 말을 하는지 궁금해졌다. 시치미 뚝 떼고 가까이 가서 들어보았다.

"그래. 기분이 나쁘겠지. 하지만 나도 자리가 좁아. 네가 나를 나쁘게 보더라도 그 모습이 나의 전부는 아니야. 상관없어. 나는 이러는 내가 오히려 자랑스러워. 나를 보호할 사람은 나밖에 없잖아."

분위기가 순식간에 서늘해졌다. 거 참. 말 한번 똑소리 나게 잘한다 싶으면서도 저렇게까지 할 건가 싶기도 했다. 남학생은 아무 말 없이 글쓰기에 집중했다. 할 말이 왜 없었겠는가. 여학생 못지않게 똑똑하고 사리 분명한 아이였는데. 싸우고 싶지 않았던 거다. 수업 시간이니까. 말 한마디 덧보탰다가 일이 괜히 커지면 선생님한테 혼날 테니까. 만약에 여학생이 이렇게 말했다고 가정해보자.

"석제야, 필통 좀 치워줄래. 자리가 좁아서 불편해서 그래."

남학생은 뭐라고 했을까?

"응, 미안해. 내가 치울게."

이러지 않았을까?

말을 잘한다는 건 할 말을 정확히 전하는 것이기도 하고, 상대의 의중을 살피면서 마음 상하지 않게 하는 것이기도 하다. 내용과 태도를 동시에 아울러야 한다는 뜻이다. 단어에 깃든 감정까지 고려한다면 금상첨화다. 맥락에 맞는지도 알아챈다면 더욱 좋다. 그런데 대부분은 감정을 배설하면서 자기중심적으로 말한다. 예를 들면 이런 식이다.

"영어학원에 나를 질투하는 5학년 언니가 있거든. 재수 없어. 복수해주고 싶어."

'재수 없다', '복수'라는 말은 감정 과잉이다. '싫다', '혼내주고 싶다' 쯤이 알맞을 것이다.

이런 경우는 또 어떤가. 학원에서 시험을 보는데 한 아이가 답지를 베꼈다. 옆에 있는 아이가 보고 말았다.

"야, 답지 보면 안 돼."

"신경 쓰지 마. 네가 뭔 상관이야."

"한심하다, 한심해. 선생님한테 이를 거야."

"야, 너는 남자들한테 귀여운 척 꼬리 치고 다니면서. 너 그러는 거 다 소문낼 거다."

눈에는 눈, 이에는 이인가. 오가는 말에 날이 서 있다. 좋은 의도를 의도대로 받지 않는다. 이름을 부르면 한결 부드러울 걸 '야'라고 하면서 시작부터 공격 태세다. 잘못을 들켰으니 창피했을 것이다. 잘못을 아는 그 마음으로 답지를 안 보면 될 것을 엉뚱한 데로 화제를 돌려 공격을 한다.

'미안하다', '고맙다'와 같은 말은 아낄 것이 못 된다. 억울한 피해를 입은 사람들이 가해자에게 제일 많이 원하는 것은 법적 처벌 이전에 진심 어린 사과다. 드라마, 영화, 소설에서도 사과해야 할 사람이 하지 않음으로써 고통받는 인물이 자주 나온다. 고마울 때 고맙다고, 미안할 때 미안하다고 왜 말을 못 할까? 자존심이 상해서, 쑥스러워서, 어색해서, 그걸 꼭 말로 해야 아느냐는 이유들은 자기 입장을 변명하는 것일 뿐 상대에 대한 배려와 존중이 결여돼 있다.

'미안하다'는 말에는 상황을 긍정적으로 전환하는 효과가 있다. 영국의 한 대학 연구진이 실험으로 증명해보였다. 배달이 지연된 상황이다. 소비자 불만을 해소하는 방안으로 진심 어린 사과와 금전적 보상, 두 가지를 제안했다. 소비자 45%가 사과를, 23%가 보상을 택했다. 사과받은 소비자는 불만을 철회하고 더 빨리 마음을 열었지만, 보상받은 소비자는 향후 다른 거래처를 이용할 거라고 말했다고 한다.

말을 한다는 것은 발화 내용과 더불어 표정, 몸짓, 목소리의 톤 등을 포함한다. 오해와 갈등을 줄이려면 그 사람만의 독특한 말투와 행동을 알아두는 것이 좋다. 남과 다른 자기만의 표현 습관은 상대를 긴장시킬 수 있다. 지나친 극존대나 현학적인 개념어 못지않게 자기만의 말투 또한 애초의 의도를 왜곡하고 공감을 방해하는 요인이 된다. 질문할 때 꼭 '어찌하여'로 시작하는 내 중등 3학년 담임 선생님이 그런 분이셨다.

"어찌하여 그렇게 시험을 못 봤니?"

"어찌하여 만날 지각을 하니?"

"어찌하여 수학 선생께 걸려서 날 이렇게 애를 먹이니?"

'어찌하여'라는 말은 기분을 옥죄는 묘한 힘이 있었다. 대답을 못 하고 우물쭈물했다가는 길고 긴 훈화를 들어야 했다. 웬만하면 질문받을 짓은 안 해야 하는데, 말 많고 소란스러운 사춘기 여학생들이 그러기가 어디 쉬운가. 선생님 앞에서는 일은 언제나 긴장의 순간이었다. 선생님께서 어느 토요일 종례 시간에 나에게 질문하셨다.

"예명아, 네가 세상에서 제일 싫은 말이 뭐니?"

뜬금없었다. 무슨 말을 해야 할지 몰라 허둥대다가 이렇게 말했다.

"'절대로'라는 말이 제일 싫어요."

"절대로? 그게 왜?"

"너무 엄격하고 단호해서요."

"예명이가 철학적인 말을 하는구나. 지선이는 어떠니?"

중간고사를 얼마 앞둔 시점이었다. 선생님이 원하는 대답은 '시험'이었다. 주말 동안 집에서 꼼짝 말고 공부하라는 말씀을 하고 싶으셨던 거다. 지선이가 바로 '시험'이라고 말하자 속으로 '아차' 싶었다. 아니나 다를까. 맥락 없는 나의 대답은 30분을 훌쩍 넘긴 종례로 응징받았다. 쏟아지는 눈총 세례는 고스란히 내 몫이었다.

나는 여전히 '절대로'라는 말이 싫다. '결코', '오로지', '(너)만을', '(너)밖에'와 같은 절대성을 품은 말이 모두 다 싫다. 단호한 금지, 철통같은 맹세, 결연한 다짐이 나는 두렵다. 헐렁하게, 바람이 통하게, 숨쉬기 좋게, 얼마든지 그렇게 말할 수 있다. 그런데 도처에 찌르고 쪼이고 뾰족한 말이 차고 넘친다. 이는 물론 나에 대한 반성이다. 나는 결심하고 다짐하고 맹세하는 강압을 싫어하면서도 행동의 일면에 그런 모습이 있다. 조심하고 싶다. 공손한 태도를 기억하고 싶다. 순순하게 듣고 순순하게 말하기. 감사와 사과의 타이밍 놓치지 않기. 아이들과 약속했다. 수업 시간만이라도 '야'라고 부르지 않기. 너도나도 서로의 '이름' 부르기. 나 자신과도 약속했다. '절대로'라는 말은 '절대로' 하지 않겠다고.

사랑은 계획이 아니다. 어느 날의 우연이다.

쓰기를 가르치며 인생을 배웠습니다

그게 아마 사랑일 거야

아이 마음을 사랑한다. 글을 쓰고 책을 읽는 시간을 사랑한다. 어딘가에 몰입하는 얼굴을 사랑한다. 우리 동네 공원을 사랑한다.

그러나,

내가 가장 좋아하는 사랑은 남자와의 사랑이다. 그러나,

내 인생에 남자와의 사랑은 드문 일이었다. 진작부터 부지런히 사랑 좀 했었으면 사는 게 훨씬 즐거웠을 텐데. 아닌가? 이별의 상처로 사는 게 더 위태로웠을까?

사춘기 적 첫사랑도 가슴 뜨거운 이십 대의 사랑도 운명 같은 사랑에 대한 기대도 나하고는 거리가 멀다. 한때는 그러

는 나 자신이 목석인 줄 알았다. 심장이 건조하고 딱딱해서 '사랑 따위' 하는 건방진 태도가 몸에 뱄나 의심하기도 했다. 책을 읽고 알았다. 나는 사랑에 무지했었다. 심장이 건조하고 딱딱한 게 아니라 뜨거워서 너무나 뜨거워서 웬만해서는 사랑에 빠지지 못했던 거다.

모니카 마론의 『슬픈 짐승』과 한스 에리히 노삭의 『늦어도 11월에는』이라는 소설이 있다. 두 작품 다 내가 최고로 치는 사랑 이야기다. 양쪽 다 주인공이 모두 죽지만, 그것은 비극적 결말이 아니라 사랑의 완성이었다. 뜨겁다, 이야기가. 너무 뜨거워 심장이 델 정도다. 그 사랑에 내 심장이 펄떡이는 걸 느끼고서야 내가 사랑에 모든 걸 거는 사람이라는 걸 뒤늦게 알았다.

『슬픈 짐승』의 주인공 '나'는 죽을 뻔한 위기를 겪고 '인생에서 놓쳐서 아쉬운 것은 사랑밖에 없다'고 생각했던 사람이다. 우연히 사랑을 만났으나 남자가 죽는다. 이후 그녀는 과거 속에 스스로를 가둔다. 남자와 마지막으로 함께 누운 침대 시트를 빨지 않고 보관하고, 남자가 남기고 간 안경을 몇 년 동안 끼면서 자신의 눈을 망가뜨리고, 자기 나이가 아마도 백 살쯤이라고 착각하면서 사랑이 있던 과거로부터 죽음을 향해 간다.

『늦어도 11월에는』의 연인은 시작부터 강렬하다. 두 사람은 문학상 시상식에서 처음 만났다. 남자는 그 상을 받게 된 작가이고 여자는 그 상을 주최한 기업가의 부인이다. 처음 본 여자에게 남자가 다가가 이렇게 말한다. "당신과 함께라면 이대로 죽을 수도 있을 것 같습니다!" 사랑에 빠진다. 그날 밤 당장 사랑의 출구로 탈출해버린다.

그들이 어떤 상황에서 만났는지는 중요하지 않다. 도덕과 윤리를 기준으로 평가하는 것도 무의미하다. 사랑은 계획이 아니다. 어느 날의 우연이다. 그 우연은 노력과 의지로 유지된다. 사랑이 있다고 위기와 고난이 없을 리 없다. 소설의 주인공들은 회피도 도망도 하지 않았다. 오히려 사랑의 고귀함을 믿었던 것 같다. 상대방을 위해서일까? 그럴 것이다. 그러나 그보다 앞에 있는 마음은 사랑에 빠진, 사랑을 택한, 자기 운명에 대한 존중과 자기 결정에 대한 책임감이었다고 본다. 내 인생이니까. 내 사랑이니까. 인간은 본질적으로 자기 삶을 사는 존재다.

사랑이 끝났을 때 나도 죽고 싶었다. 나에게는 두 명의 전 남편이 있다. 두 번 다 내가 먼저 헤어지자 말했다. 첫 번째는 신혼여행에서 돌아와 시집에 들어간 첫날 마음 먹었고 두 번째는 천재지변 같은 지각 변동이었다. 두 번째 그 사람과는 사랑이 끝났어도 평생 친구가 되고 싶었다. 우리는 부부의 롤모델로 인정받아왔고 금슬도 매우 좋았다. 하는 일도 가치관도 성격도 취향도 모든 게 달랐지만, 음과 양의 합이 세상의 원리이듯 매사 상보 관계에 있었고 그 합 또한 잘 맞았다. 의견이 다를 때 대화로 해결할 줄 알았고, 각자의 삶을 자유롭게 살 만큼 평등하고 평화롭게 지냈다. 부부가 헤어지는 이유가 한 가지가 아니듯 사랑의 형태도 한 가지가 아니다. 그 사람에 대한 존경과 신뢰가 여전한 이상 부부 이후의 관계도 유지되길 바랐다.

고난도의 커다란 도전이었다. '나는 이제 내가 원하는 나로 살고 싶어.' 이 마음을 이해받기까지 일 년이 걸렸다. 별거에 들어갔고, 서로의 집을 오가며 토론하고 대화하고 싸우고 울었다. 밤마다 베갯잇을 적시다 잠이 들었고, 자다가도 벌떡벌떡 깨는 일이 자주 있었다. 불면과 거식과 이대로 죽고 싶은 유혹과 싸우던 어느 날 성탄일을 앞두고 내가 말했다.

"크리스마스 선물로 나랑 이혼해줘. 그리고 우리 평생 친구로 지내자."

잠시 멍해 있더니 그가 말했다.

"거 참, 거절할 수 없게 만드네."

마음에 드는 목걸이를 사러 가듯 법원에 갔다. 그는 시종

일관 담담하고 유쾌하게 굴었다. 절차를 마치고 마주섰을 때
는 따뜻하게 안아주었다. 정작 나는 기쁘지 않았다. 아쉬움이
나 외로움, 패배감이 아니다. 먼 길을 떠나는 방랑자 같은 기
분이었다. 언제까지 그러고 있을 수는 없었다. 그와 나는 서
로의 선생님이자 친구가 되기로 했다. 나는 그의 독서 선생
님, 그는 나의 사진 선생님이다. 만나는 날은 내가 권했거나
권한 책에서 뻗어 나간 그가 읽은 책을 이야기하거나 출사를
한다. 음식을 만들어 초대하거나 영화를 본다. 부부였을 때는
몰랐던, 알아야 한다는 생각조차 없었던 이야기를 나누며 공
감하고 이해하는 것이 많이도 늘었다.

나는 그에게 '고독의 자유'를 선물하고 싶었다. 고독의 주
인이 된다면 풍요로운 다른 세상이 열린다는 것을 알게 하고
싶었다. 우리는 어쩌면 연구실에서 실험 중인지도 모른다. 진
정한 우정이랄지 진정한 사랑이랄지 진정한 자유랄지에 대
하여.

내 사랑의 스승은 독일의 시인 라이너 마리아 릴케다. 『젊
은 시인에게 보내는 편지』가 교과서였다. 1903년부터 1908
년까지 5년 동안 시인 지망생 프란츠 크사버 카푸스와 주고
받은 편지글을 묶은 책이다. 삼십 대 어느 날 책 속의 문장에
눈이 번쩍 뜨였다.

사람과 사람 사이의 사랑, 그것은 우리에게 부과된 과제 중에서 가장 힘든 과제인지도 모릅니다. 그것은 우리가 해야 할 최후의 과제이며 궁극적인 시험이자 시련입니다. (…) 무언가를 배우는 기간은 언제나 밀폐의 시간입니다. 그렇기 때문에 사랑은 오랫동안 인생 속으로 깊이 몰입하는 고독입니다. 무엇보다 사랑한다는 것은 전혀 융합이나 헌신 그리고 상대방과 하나가 되는 것을 뜻하지 않습니다. (…) 사랑은 개인이 성숙하기 위한, 자기 내면 속에서 무엇이 되기 위한, 하나의 세계가 되기 위한, 즉 상대방을 위해 자체로서 하나의 세계가 되기 위한 숭고한 동기입니다.

　나는 지금 이 내용을 실행 중이다. 그 끝의 모습은 상상조차 안 된다. 다만 나는 꿈꾼다. 정확하게 사랑하고, 우아하게 성숙하며, 완벽하게 나라는 세계를 만들어보자고. 그 꿈은 오래전에 받았던 질문의 다른 버전이다.
　"묘비를 세운다면 뭐라고 쓰고 싶은가요?"
　"으음… '평생을 스스로 해방하며 산 사람'이요."
　밀폐의 고독을 살아가다 보면 그런 사람이 되어 있을지도 모른다.

언제부턴가 아이들이 꿈을 잃었다.
콕 집어 꿈을 말하기보다
이것도 하고 싶고 저것도 하고 싶어 한다.

혼자 있는 시간

라디오를 듣는데, 혼자만의 긴 여행을 준비하며 음악을 듣고 있다는 청취자 사연이 귀에 꽂혔다. 혼자만의 여행이라…, 어디로 가는 걸까? 얼마나 긴 여행이고? 나도 한때는 일년에 서너 번 먼 곳의 바람과 먼지를 찾아다녔다. 터키 에페소의 흙먼지 바람과 포르투갈 파티마 성당의 고즈넉한 적막과 체코 프라하의 좁고 어둑한 골목과 스페인 광장의 흥겹고 자유로운 집시의 춤을 잊을 수 없다. 낯선 곳의 공기는 나 자신이 우주의 작은 티끌에 불과하다는 사실을 일깨워주는 산뜻한 해방구였다. 혼자 여행은 아니었다. 나는 혼자서는 여행을 해본 적이 없다. 필요성을 느껴본 적도 없다. 여행마저 혼자 하기에는 나는 평소 늘 혼자였다. 일하는 시간이 남들과 달라서도 혼자, 소속이 없는 프리랜서여서도 혼자, 밥을 먹거나 잠자는 시간이 달라서도 혼자. 자유로워서 좋았고, 그 자유가 익숙해서도 좋았다. 여행하고 싶을 때는 익숙한 자유에 지쳤을 때다. 함께 밥 먹고, 함께 경험하고, 함께 웃고, 함께 걸으면서 혼자인 내 삶으로 다시 돌아오기 위한 뒷걸음질이었다.

십 년 전 죽음에 대한 실감은 여행에 대한 생각을 바꿔놓았다. 세 집이 함께 강원도로 여름 휴가를 가기로 했다. 첫날부터 큰 비가 내렸다. 커브 길에서 속도를 줄이려는데 브레이크가 말을 듣지 않았다. 차가 도로 위를 뱅그르르 돌더니 순식간에 중앙분리대로 미끄러지면서 쾅하고 들이박았다. 찰나의 순간, 수많은 생각들이 머릿속을 스쳐 지났다. '이제 내 딸은 못 보는 건가?', '나, 이대로 죽어도 되나?', '나, 그동안 잘 살아왔나?', '아, 안돼. 아직은 아냐'….

목숨이 가뭇없이 사라질 뻔한 위기는 통증으로 남았다. 한동안 앉지도 눕지도 서지도 못했다. 웃지도 먹지도 숨을 쉬지도 못했다. 삶이 이토록 유한했구나, 하는 실감은 삶을 돌아보는 계기가 되었다. 나 하나 세상에서 없어진다 한들 대수롭지 않다. 삶은 죽음 앞으로 걸어가는 과정이고 아무도 그 길을 피할 수 없다. 삶은 나에게 이렇게 질문했다.

'어떻게 살아야 하나?'

스피노자 또는 마틴 루터는 이렇게 말했다.

'내일 지구가 멸망한다 해도 나는 오늘 한 그루 사과 나무를 심겠다.'

마지막 순간까지 미래의 꿈과 희망을 실천하겠다는 것이다. 죽음 앞에서 퍼뜩 떠오른 생각이 아니라 평소의 사유였을 것이다. 하루하루 급급하게 살아온 내 삶에는 그게 없었다. 죽음 앞에서 내가 느낀 공포는 그런 내 삶의 또 다른 얼굴이었다.

이후 나는 '나의 꿈'이라는 주제를 수업 안에 자주 들였다. 학년이 다르고 사는 곳이 달라도 막연하나마 아이들에게 꿈이 있던 시절이었다. 선생님이 될 거예요, 호텔리어가 될 거예요, 세계여행을 할 거예요. 아이들은 그렇게 말했다. 꿈을 꼭 이루라는 게 아니다. 꿈을 안고 일상을 살길 바랐다. 언제부턴가 아이들이 꿈을 잃었다. 콕 집어 꿈을 말하기보다 이것도 하고 싶고 저것도 하고 싶어 한다. 어떤 고등 1학년 여학생은 '의사 부인'이 꿈이라고 당당하게 말했다.

"우리 엄마 보니까 의사 부인이 제일 행복하더라고요. 교수님이신 제 친구 엄마는 강의하랴 논문 쓰랴 엄청 바쁜데, 우리 엄마는 하고 싶은 것만 하면서 날마다 놀아요. 아빠는 만날 늦게 들어오고, 집안일은 아줌마가 다 하고. 저도 예쁜 것만 하고 살고 싶어요."

아이들은 존경하는 사람도 잃어버렸다. 과학 꿈나무라면 아인슈타인을, 피아노 꿈나무라면 키신을, 이타심 강한 평화주의자라면 간디를 꼽곤 하더니 언제부턴가 이 질문 앞에서 머뭇머뭇 갸웃거린다. 그럴 만한 사람이 없는 것 같다. "우리 아빠요!"라는 말은 그나마 다행이다.

코로나 팬데믹 이후 줌 수업은 아이들 가슴에 구멍을 뚫었다. "저는 그냥 2배속으로 빨리 돌려요." "켜놓고 딴 거 하는데요." "온라인 수업 재미없어 죽겠어요." 아이들은 컴퓨터를 켜놓고 딴짓을 한다.

"애가 수업일지를 안 써요." "숙제를 아예 안 한다니까요." "옆에서 일일이 챙겨줄 수도 없고 어떻게 해야 할지 모르겠어요." 엄마들은 덩달아 걱정이 늘었다.

물론 반대 상황도 있다. 등교를 못 하는 동안 도서관 대출을 늘린다거나 피아노 학원에 못 가는 대신 작곡을 혼자 해본다거나. 평소라면 엄두를 못 낼 장거리 체험 학습을 다닌다거나. 코로나 팬데믹은 가정의 일상 문화와 아이의 자율성을 시험하는 잣대가 되었다.

아이들에게 제대로 가르쳐야 할 것이 있다면 나는 단연코

'혼자만의 시간 사용법'을 꼽겠다. 학교와 학원을 제외한 나머지 일상을 능동적으로 보내는 것은 삶이라는 거대한 시간에 공들이는 과정이다. '맥락에 따른 책 읽기'와 비슷하다. 예를 들자면 이런 것이다. 내게는 오래전에 읽었지만 여전히 좋아하고 추천하는 책 한 권이 있다. 『스밀라의 눈에 대한 감각』이다. 추리소설에 속하는 장르물이지만 '괴도 루팡'이나 '셜록 홈즈'와는 결이 다르다. 빙하, 빙산, 얼음의 나라에 대한 동경으로 만난 책이다. '눈에 대한 감각'이라니, 표현이 얼마나 멋진가. 작가가 예전에 무용수, 펜싱 선수, 선원이었다는 점도 흥미로웠다. 소설의 배경은 덴마크와 그린란드다. 시작부터 주인공 '스밀라'의 옆집 소년이 지붕에서 추락사한다. 가난한 집 아이의 죽음을 경찰은 단순 추락사로 넘기려한다. 스밀라는 눈의 결정이 6천 개라는 것을 아는 눈과 얼음의 전문가였다. 의문을 품는다.

눈의 결정 6천 개! 나는 이 대목에서 주저앉아 버렸다. 눈과 얼음의 나라를 여행하진 못할지언정 모르는 내용을 탐색하는 것으로 그 나라를 다녀오고 싶었다. 검색했다. 눈의 결정, 얼음의 분자구조, 눈의 결정체 모양…. 이어서 크레바스와 그린란드와 이누이트 족과 쇄빙선까지 샅샅이 조사했다. 책은 627페이지에 달하는 장편이었다. 번역 때문인지 작가의 첫 작품이어선지 가독성이 좋지 않았다. 다 읽기까지 시간이 오래 걸렸다. 나는 물 위를 뛰어오르는 한 마리 물고기였다. 스토리를 뛰어넘는 책 읽기로 무미건조한 일상이 팔딱거렸다.

  소설이 원작인 영화를 보는 것도 그런 면이 있다. 줄리안 반스의 『예감은 틀리지 않는다』 소설과 영화, 가즈오 이시구로의 『네버 렛 미 고(Never let me go)』의 소설과 영화, 파스칼 메르시어의 『리스본행 야간열차』 소설과 영화, 소설 『핑거 스미스』와 그것을 참조한 영화 「아가씨」, 소설 『프랑켄슈타인』과 그 책의 작가 영화인 「매리 셸리 : 프랑켄슈타인의 탄생」 등등. 웬만하면 책과 한 짝인 영화를 찾아다닌다. 어려운 철학 책을 볼 때는 그 책을 쓴 철학자의 평전을 본다. 『감시와 처벌』을 읽다가 『푸코 평전』을, 『기술적 복제시대의 예술작품』을 읽다가 『발터 벤야민 평전』을. 『논어』 강독을 일 년 반 동안 하고는 동학들과 함께 중국으로 공맹(공자와 맹자) 기행을 다녀오기도 했다. 이런 방법이 내 수업과 일상에 그다지 큰 기여는 하지 못했다. 나라는 사람이 좀 더 그럴듯해졌는지는 몰라도. 한 권의 책을 꼼꼼히 읽기 위해 그 이상의 돈을 썼으면 썼지 그로 인해 돈을 벌기는커녕 명성도 지위도 나에겐 없다.

다만, 살아온 대부분 나날이 즐겁고 재미있었다. 누구와도 비교하지 않는 나만의 세계에서 나날의 일상을 알곡이 꽉 찬 벼 이삭처럼 여물게 살았다. 어쩌면 만들어놓은 교재나 커리큘럼에 기대지 않고 긴 세월 아이들을 만나온 바탕도 거기 있을지도 모를 일이다. 똑같은 건 싫어. 아이들은 다 다르잖아. 교재나 커리큘럼은 단지 지침일 뿐이야.

"쌤은 멋있어요."

언젠가 한 아이가 이렇게 말했다. 기분이 좋았다. 나는 아이에게 이렇게 말했다.

"정말? 그렇다면 비결은 하난데."

"뭔데요? 가르쳐 주세요."

"혼자 있는 시간을 재밌게 지내는 거."

"어떻게요?"

"너의 일상을 엄마 잔소리로 안 채우는 거지. 좀 늦게 해도 괜찮아. 대단히 잘하지 않아도 괜찮고. 할 일은 스스로 하고. 하고 싶은 일도 스스로 찾아보는 거야. 심심할 틈 없게. 잔소리 들을 틈 없게."

삶은 혼자 가는 여행길이다. 나는 혼자 가는 그 삶이 즐겁기를 원한다.

끝의 시작

길에 대한 탐색은 어린 시절 습관이었다. 이 길은 어디로 이어질까, 이 길은 내가 예상한 그 길일까, 이 길의 끝은 어디일까, 상상하면서 홀린듯 낯선 길을 걸어 다녔다. 성인이 된 후 그 탐색은 전공과 무관한 책을 읽는 것으로 이어진 듯하다. 가욋길이 꽤나 재미있었다. 사람들은 그러는 내가 이상했던 모양이다. 당신은 어떤 사람인가요? 그런 질문을 자주 받았다. 어리둥절하면서도 생각해봤다. 그러게, 나는 왜 그렇게 발 딛고 있는 땅을 벗어났을까?

거의 날마다 동네 공원에서 걷기를 했다. 꽃과 나무와 오리와 호수가 있는 공원이었다. 공원의 모습은 늘 같지 않았다. 사시사철 계절 속에서 변하고 달라지고 새로워졌다. 아, '지도도 달력도 없는 것에 대해서는 말하지 않는다'던 푸코의 말이 이런 뜻이었구나. 초월하지 마라. 지금 여기 오늘에 눈을 맞춰라. 그럼에도 변화는 있을 것이다!

나의 첫 책은 내가 걸어온 길을 닮았다. 처음에는 종횡무진 낯선 길을 헤매다 하고 싶은 말이 무엇인지 분명해지자 나의 본질이었던 그 길을 걷게 되었다. 아홉 살 꼬마가 꿈꿨던 글의 세계 그곳 말이다. 미학이 아니라 의미였던 그 길을 계속해서 걸으려 한다. 당신이 누구냐는 의혹이 없어질 때까지.

이 책은 놀라운 인연의 결과물이다. 지지하고 응원해준 인연의 벗들에게 깊이 감사드린다.

쓰기를 가르치며 인생을 배웠습니다
예명 쌤의 글쓰기 고해성사

초판 1쇄 발행 / 2022년 6월 29일

지은이 / 김예명
브랜드 / 불난서가

펴낸곳 / 스포트라잇북

제2014-000086호 (2013년 12월 05일)
주소 / 서울특별시 영등포구 도림로 464, 1-1201 (우)07296
전화 / 070-4202-9369 팩스 / 02-6442-9369
이메일 / spotlightbook@gmail.com

주문처 / 신한전문서적 (전화)031-942-9851 (팩스)031-942-9852

책값은 뒤표지에 있습니다.
잘못된 책은 구입한 곳에서 바꾸어 드립니다.

Copyright (C) 김예명, 2022, Printed in Korea.
저작권법에 의해 보호 받는 저작물이므로 무단전재와 복제를 금합니다.

ISBN 979-11-87431-25-1 03810

불난서가와 함께라면 어렵지 않습니다
不 難 書 架